职业院校一体化系列教材

会计技能模拟实习——专用证账表簿

张国兴　主　审
曾永铭　陆建军　主　编
李　丽　汤晓红　副主编

学　院：____________________

专　业：____________________

学　号：____________________

姓　名：____________________

启用日期：____________________

上海财经大学出版社

图书在版编目（CIP）数据

会计技能模拟实习：专用证账表簿 / 曾永铭，陆建军主编 .
—上海：上海财经大学出版社，2015.1
ISBN 978-7-5642-2099-0/F·2099
（职业院校一体化系列教材）
Ⅰ.①会…　Ⅱ.①曾…②陆…　Ⅲ.①会计学　Ⅳ.①F230
中国版本图书馆 CIP 数据核字（2015）第 015665 号

□ 责任编辑　祝玺玮
□ 封面设计　张克瑶

KUAIJI JINENG MONI SHIXI—ZHUANYONG ZHENGZHANG BIAOBU
会计技能模拟实习——专用证账表簿
曾永铭　陆建军　主编

上海财经大学出版社出版发行
（上海市武东路 321 号乙　邮编 200434）
网　　址：http://www.sufep.com
电子邮箱：webmaster @ sufep.com
全国新华书店经销
上海市印刷七厂印刷
上海景条印刷有限公司装订
2015 年 1 月第 1 版　2015 年 1 月第 1 次印刷

787mm×1092mm　1/16　14 印张　300 千字
印数：0 001-5 000　　定价：32.00 元

序

理论实训“一体化”教学，是职业教育课程改革的重要方向。会计专业课程的“一体化”教学研究和实施需要多方共同努力。江苏省人力资源和社会保障厅技工教研室商贸服务中心教研组的教研团队，申报了省级课题《技工院校会计专业教学环境建设研究》并获得立项，课题号为14SJY0201，该课题以江苏省淮安技师学院为主持研究单位，江苏省扬州技师学院、苏州技师学院、南通技师学院为主要成员单位，四方联动，共同研究教学环境对会计专业建设的影响。会计专业“一体化”教材是教学环境建设研究的重要成果。5部一体化课程系列教材，目前已完成《新编小企业会计实务一体化教程》、《新编会计基本技能一体化教程》、《会计技能模拟实习——专用证账表簿》的编写。

一体化课程系列教材的编写，着眼于财经商贸类专业职业需求，采用“模块—项目—任务”的编写思路，引用实际操作案例和完整的账套业务流程，以职业技能培养为目标，突出技能实训，集中体现职业教育“以就业为导向，以技能为本位”的特色，旨在提升会计初学者的实际操作能力，强化学生的实际动手能力，提升学生上岗前的实际应用能力。本系列教材适用于职业院校、技工院校、成人教育、专科学校会计等财经商贸类专业在校学生使用，也可用于财经类相关专业的师生自学与培训使用。

衷心希望本系列教材的出版能为我国会计职业教育事业的发展、职业类院校特别是技工院校会计实务人才的培养作出贡献。

江苏省人力资源和社会保障厅

技工教研室商贸服务专业中心教研组教研团队

2014年12月

目 录

总分类账账簿启用及交接表

单位名称		印　　鉴
账簿名称	（第　　册）	
账簿编号		
账簿页数	本账簿共计　　　　页（本账簿页数 检点人盖章　　　）	
启用日期	公元　　　　年　　　月　　　日	

经管人员	负责人		主办会计		复核		记账	
	姓名	盖章	姓名	盖章	姓名	盖章	姓名	盖章

接交记录	经管人员		接管				交出			
	职别	姓名	年	月	日	盖章	年	月	日	盖章

备注	

总分类账目录

编号	科　　目	起讫页码	编号	科　　目	起讫页码

总分类账目录

编号	科目	起讫页码	编号	科目	起讫页码

总分类账

会计科目 ____________

年		凭证号数	摘要	对账√	借方											贷方											借或贷	余额										
月	日				亿	千	百	十	万	千	百	十	元	角	分	亿	千	百	十	万	千	百	十	元	角	分		亿	千	百	十	万	千	百	十	元	角	分

总分类账

会计科目 ____________

年		凭证号数	摘要	对账√	借方											贷方											借或贷	余额										
月	日				亿	千	百	十	万	千	百	十	元	角	分	亿	千	百	十	万	千	百	十	元	角	分		亿	千	百	十	万	千	百	十	元	角	分

总分类账

会计科目 ______

年		凭证号数	摘要	对账√	借方											贷方											借或贷	余额										
月	日				亿	千	百	十	万	千	百	十	元	角	分	亿	千	百	十	万	千	百	十	元	角	分		亿	千	百	十	万	千	百	十	元	角	分

总分类账

会计科目 ______

年		凭证号数	摘要	对账√	借方											贷方											借或贷	余额										
月	日				亿	千	百	十	万	千	百	十	元	角	分	亿	千	百	十	万	千	百	十	元	角	分		亿	千	百	十	万	千	百	十	元	角	分

总分类账

会计科目

年		凭证号数	摘要	对账√	借方											贷方											借或贷	余额										
月	日				亿	千	百	十	万	千	百	十	元	角	分	亿	千	百	十	万	千	百	十	元	角	分		亿	千	百	十	万	千	百	十	元	角	分

总分类账

会计科目

年		凭证号数	摘要	对账√	借方											贷方											借或贷	余额										
月	日				亿	千	百	十	万	千	百	十	元	角	分	亿	千	百	十	万	千	百	十	元	角	分		亿	千	百	十	万	千	百	十	元	角	分

总分类账

会计科目＿＿＿＿＿＿

年		凭证号数	摘要	对账√	借方											贷方											借或贷	余额										
月	日				亿	千	百	十	万	千	百	十	元	角	分	亿	千	百	十	万	千	百	十	元	角	分		亿	千	百	十	万	千	百	十	元	角	分

总分类账

会计科目＿＿＿＿＿＿

年		凭证号数	摘要	对账√	借方											贷方											借或贷	余额										
月	日				亿	千	百	十	万	千	百	十	元	角	分	亿	千	百	十	万	千	百	十	元	角	分		亿	千	百	十	万	千	百	十	元	角	分

总分类账

会计科目 ____________

年		凭证号数	摘要	对账√	借方											贷方											借或贷	余额										
月	日				亿	千	百	十	万	千	百	十	元	角	分	亿	千	百	十	万	千	百	十	元	角	分		亿	千	百	十	万	千	百	十	元	角	分

总分类账

会计科目 ____________

年		凭证号数	摘要	对账√	借方											贷方											借或贷	余额										
月	日				亿	千	百	十	万	千	百	十	元	角	分	亿	千	百	十	万	千	百	十	元	角	分		亿	千	百	十	万	千	百	十	元	角	分

总分类账

会计科目 ____________

年 月	日	凭证号数	摘要	对账 √	借方 亿千百十万千百十元角分	贷方 亿千百十万千百十元角分	借或贷	余额 亿千百十万千百十元角分

总分类账

会计科目 ____________

年 月	日	凭证号数	摘要	对账 √	借方 亿千百十万千百十元角分	贷方 亿千百十万千百十元角分	借或贷	余额 亿千百十万千百十元角分

总分类账

会计科目＿＿＿＿＿＿

年		凭证号数	摘要	对账√	借方											贷方											借或贷	余额										
月	日				亿	千	百	十	万	千	百	十	元	角	分	亿	千	百	十	万	千	百	十	元	角	分		亿	千	百	十	万	千	百	十	元	角	分

总分类账

会计科目＿＿＿＿＿＿

年		凭证号数	摘要	对账√	借方											贷方											借或贷	余额										
月	日				亿	千	百	十	万	千	百	十	元	角	分	亿	千	百	十	万	千	百	十	元	角	分		亿	千	百	十	万	千	百	十	元	角	分

总分类账

会计科目 ＿＿＿＿

年		凭证号数	摘要	对账√	借方											贷方											借或贷	余额										
月	日				亿	千	百	十	万	千	百	十	元	角	分	亿	千	百	十	万	千	百	十	元	角	分		亿	千	百	十	万	千	百	十	元	角	分

总分类账

会计科目 ＿＿＿＿

年		凭证号数	摘要	对账√	借方											贷方											借或贷	余额										
月	日				亿	千	百	十	万	千	百	十	元	角	分	亿	千	百	十	万	千	百	十	元	角	分		亿	千	百	十	万	千	百	十	元	角	分

总分类账

会计科目______

年		凭证号数	摘要	对账√	借方											贷方											借或贷	余额										
月	日				亿	千	百	十	万	千	百	十	元	角	分	亿	千	百	十	万	千	百	十	元	角	分		亿	千	百	十	万	千	百	十	元	角	分

总分类账

会计科目______

年		凭证号数	摘要	对账√	借方											贷方											借或贷	余额										
月	日				亿	千	百	十	万	千	百	十	元	角	分	亿	千	百	十	万	千	百	十	元	角	分		亿	千	百	十	万	千	百	十	元	角	分

总分类账

会计科目 ______

年		凭证	摘要	对账	借方											贷方											借	余额										
月	日	号数		√	亿	千	百	十	万	千	百	十	元	角	分	亿	千	百	十	万	千	百	十	元	角	分	或贷	亿	千	百	十	万	千	百	十	元	角	分

总分类账

会计科目 ______

年		凭证	摘要	对账	借方											贷方											借	余额										
月	日	号数		√	亿	千	百	十	万	千	百	十	元	角	分	亿	千	百	十	万	千	百	十	元	角	分	或贷	亿	千	百	十	万	千	百	十	元	角	分

总分类账

会计科目 ______

年		凭证号数	摘要	对账√	借方											贷方											借或贷	余额										
月	日				亿	千	百	十	万	千	百	十	元	角	分	亿	千	百	十	万	千	百	十	元	角	分		亿	千	百	十	万	千	百	十	元	角	分

总分类账

会计科目 ______

年		凭证号数	摘要	对账√	借方											贷方											借或贷	余额										
月	日				亿	千	百	十	万	千	百	十	元	角	分	亿	千	百	十	万	千	百	十	元	角	分		亿	千	百	十	万	千	百	十	元	角	分

总分类账

会计科目 ______

年		凭证号数	摘要	对账√	借方											贷方											借或贷	余额										
月	日				亿	千	百	十	万	千	百	十	元	角	分	亿	千	百	十	万	千	百	十	元	角	分		亿	千	百	十	万	千	百	十	元	角	分

总分类账

会计科目 ______

年		凭证号数	摘要	对账√	借方											贷方											借或贷	余额										
月	日				亿	千	百	十	万	千	百	十	元	角	分	亿	千	百	十	万	千	百	十	元	角	分		亿	千	百	十	万	千	百	十	元	角	分

总分类账

会计科目 ____________

年		凭证号数	摘要	对账√	借方											贷方											借或贷	余额										
月	日				亿	千	百	十	万	千	百	十	元	角	分	亿	千	百	十	万	千	百	十	元	角	分		亿	千	百	十	万	千	百	十	元	角	分

总分类账

会计科目 ____________

年		凭证号数	摘要	对账√	借方											贷方											借或贷	余额										
月	日				亿	千	百	十	万	千	百	十	元	角	分	亿	千	百	十	万	千	百	十	元	角	分		亿	千	百	十	万	千	百	十	元	角	分

总分类账

会计科目 ______

年		凭证号数	摘要	对账√	借方											贷方											借或贷	余额										
月	日				亿	千	百	十	万	千	百	十	元	角	分	亿	千	百	十	万	千	百	十	元	角	分		亿	千	百	十	万	千	百	十	元	角	分

总分类账

会计科目 ______

年		凭证号数	摘要	对账√	借方											贷方											借或贷	余额										
月	日				亿	千	百	十	万	千	百	十	元	角	分	亿	千	百	十	万	千	百	十	元	角	分		亿	千	百	十	万	千	百	十	元	角	分

日记账账簿启用及交接表

单位名称		印　鉴
账簿名称	（第　　册）	
账簿编号		
账簿页数	本账簿共计　　页（本账簿页数 检点人盖章　　）	
启用日期	公元　　年　　月　　日	

经管人员	负责人		主办会计		复核		记账	
	姓名	盖章	姓名	盖章	姓名	盖章	姓名	盖章

接交记录	经管人员		接管				交出			
	职别	姓名	年	月	日	盖章	年	月	日	盖章

备注	

日记账账簿启用及交接表

单位名称		印　鉴
账簿名称	（第　册）	
账簿编号		
账簿页数	本账簿共计　页（本账簿页数检点人盖章　）	
启用日期	公元　年　月　日	

经管人员	负责人		主办会计		复核		记账	
	姓名	盖章	姓名	盖章	姓名	盖章	姓名	盖章

接交记录	经管人员		接管				交出			
	职别	姓名	年	月	日	盖章	年	月	日	盖章

备注	

20

年		凭证号数	对方科目	摘要	√	收入(借方)金额										付出(贷方)金额										结余金额									
月	日					千	百	十	万	千	百	十	元	角	分	千	百	十	万	千	百	十	元	角	分	千	百	十	万	千	百	十	元	角	分

年		凭证号数	对方科目	摘要	√	收入(借方)金额										付出(贷方)金额										结余金额									
月	日					千	百	十	万	千	百	十	元	角	分	千	百	十	万	千	百	十	元	角	分	千	百	十	万	千	百	十	元	角	分

年		凭证号数	对方科目	摘要	√	收入(借方)金额										付出(贷方)金额										结余金额									
月	日					千	百	十	万	千	百	十	元	角	分	千	百	十	万	千	百	十	元	角	分	千	百	十	万	千	百	十	元	角	分

年		凭证号数	对方科目	摘要	√	收入(借方)金额										付出(贷方)金额										结余金额									
月	日					千	百	十	万	千	百	十	元	角	分	千	百	十	万	千	百	十	元	角	分	千	百	十	万	千	百	十	元	角	分

三栏式明细账目录

编号	科　　目	起讫页码	编号	科　　目	起讫页码

三栏式明细账目录

编号	科　　目	起讫页码	编号	科　　目	起讫页码

级科目编号及名称

级科目编号及名称

年		凭证		摘要	对应科目	日页	借方											贷方											借或贷	余额										
月	日	种类	号数				千	百	十	万	千	百	十	元	角	分	√	千	百	十	万	千	百	十	元	角	分	√		千	百	十	万	千	百	十	元	角	分	√

级科目编号及名称

级科目编号及名称

年		凭证		摘要	对应科目	日页	借方											贷方											借或贷	余额										
月	日	种类	号数				千	百	十	万	千	百	十	元	角	分	√	千	百	十	万	千	百	十	元	角	分	√		千	百	十	万	千	百	十	元	角	分	√

……级科目编号及名称……

……级科目编号及名称……

年		凭证		摘要	对应科目	日页	借方											贷方											借或贷	余额										
月	日	种类	号数				千	百	十	万	千	百	十	元	角	分	√	千	百	十	万	千	百	十	元	角	分	√		千	百	十	万	千	百	十	元	角	分	√

……级科目编号及名称……

……级科目编号及名称……

年		凭证		摘要	对应科目	日页	借方											贷方											借或贷	余额										
月	日	种类	号数				千	百	十	万	千	百	十	元	角	分	√	千	百	十	万	千	百	十	元	角	分	√		千	百	十	万	千	百	十	元	角	分	√

……级科目编号及名称……

……级科目编号及名称……

年		凭证		摘要	对应科目	日页	借方												贷方												借或贷	余额											
月	日	种类	号数				千	百	十	万	千	百	十	元	角	分	√	千	百	十	万	千	百	十	元	角	分	√		千	百	十	万	千	百	十	元	角	分	√

……级科目编号及名称……

……级科目编号及名称……

年		凭证		摘要	对应科目	日页	借方												贷方												借或贷	余额											
月	日	种类	号数				千	百	十	万	千	百	十	元	角	分	√	千	百	十	万	千	百	十	元	角	分	√		千	百	十	万	千	百	十	元	角	分	√

……级科目编号及名称……

……级科目编号及名称……

年		凭证		摘要	对应科目	日页	借方											贷方											借或贷	余额										
月	日	种类	号数				千	百	十	万	千	百	十	元	角	分	√	千	百	十	万	千	百	十	元	角	分	√		千	百	十	万	千	百	十	元	角	分	√

……级科目编号及名称……

……级科目编号及名称……

年		凭证		摘要	对应科目	日页	借方											贷方											借或贷	余额										
月	日	种类	号数				千	百	十	万	千	百	十	元	角	分	√	千	百	十	万	千	百	十	元	角	分	√		千	百	十	万	千	百	十	元	角	分	√

级科目编号及名称

级科目编号及名称

年		凭证		摘要	对应科目	日页	借方											贷方											借或贷	余额										
月	日	种类	号数				千	百	十	万	千	百	十	元	角	分	√	千	百	十	万	千	百	十	元	角	分	√		千	百	十	万	千	百	十	元	角	分	√

级科目编号及名称

级科目编号及名称

年		凭证		摘要	对应科目	日页	借方											贷方											借或贷	余额										
月	日	种类	号数				千	百	十	万	千	百	十	元	角	分	√	千	百	十	万	千	百	十	元	角	分	√		千	百	十	万	千	百	十	元	角	分	√

……级科目编号及名称……

……级科目编号及名称……

年		凭证		摘要	对应科目	日页	借方											贷方											借或贷	余额										
月	日	种类	号数				千	百	十	万	千	百	十	元	角	分	√	千	百	十	万	千	百	十	元	角	分	√		千	百	十	万	千	百	十	元	角	分	√

……级科目编号及名称……

……级科目编号及名称……

年		凭证		摘要	对应科目	日页	借方											贷方											借或贷	余额										
月	日	种类	号数				千	百	十	万	千	百	十	元	角	分	√	千	百	十	万	千	百	十	元	角	分	√		千	百	十	万	千	百	十	元	角	分	√

……级科目编号及名称……

……级科目编号及名称……

年		凭证		摘要	对应科目	日页	借方											贷方											借或贷	余额										
月	日	种类	号数				千	百	十	万	千	百	十	元	角	分	√	千	百	十	万	千	百	十	元	角	分	√		千	百	十	万	千	百	十	元	角	分	√

……级科目编号及名称……

……级科目编号及名称……

年		凭证		摘要	对应科目	日页	借方											贷方											借或贷	余额										
月	日	种类	号数				千	百	十	万	千	百	十	元	角	分	√	千	百	十	万	千	百	十	元	角	分	√		千	百	十	万	千	百	十	元	角	分	√

......级科目编号及名称......

......级科目编号及名称......

年		凭证		摘要	对应科目	日页	借方											贷方											借或贷	余额										
月	日	种类	号数				千	百	十	万	千	百	十	元	角	分	√	千	百	十	万	千	百	十	元	角	分	√		千	百	十	万	千	百	十	元	角	分	√

......级科目编号及名称......

......级科目编号及名称......

年		凭证		摘要	对应科目	日页	借方											贷方											借或贷	余额										
月	日	种类	号数				千	百	十	万	千	百	十	元	角	分	√	千	百	十	万	千	百	十	元	角	分	√		千	百	十	万	千	百	十	元	角	分	√

……级科目编号及名称……

……级科目编号及名称……

年		凭证		摘要	对应科目	日页	借方											贷方											借或贷	余额										
月	日	种类	号数				千	百	十	万	千	百	十	元	角	分	√	千	百	十	万	千	百	十	元	角	分	√		千	百	十	万	千	百	十	元	角	分	√

……级科目编号及名称……

……级科目编号及名称……

年		凭证		摘要	对应科目	日页	借方											贷方											借或贷	余额										
月	日	种类	号数				千	百	十	万	千	百	十	元	角	分	√	千	百	十	万	千	百	十	元	角	分	√		千	百	十	万	千	百	十	元	角	分	√

……级科目编号及名称……

……级科目编号及名称……

年		凭证		摘要	对应科目	日页	借方											贷方											借或贷	余额										
月	日	种类	号数				千	百	十	万	千	百	十	元	角	分	√	千	百	十	万	千	百	十	元	角	分	√		千	百	十	万	千	百	十	元	角	分	√

……级科目编号及名称……

……级科目编号及名称……

年		凭证		摘要	对应科目	日页	借方											贷方											借或贷	余额										
月	日	种类	号数				千	百	十	万	千	百	十	元	角	分	√	千	百	十	万	千	百	十	元	角	分	√		千	百	十	万	千	百	十	元	角	分	√

明细账

分页：………… 总页：…………

………级科目………………………… ………级科目…………………………

年		凭证		摘要	借方											贷方											借或贷	余额										
月	日	种类	号数		亿	千	百	十	万	千	百	十	元	角	分	亿	千	百	十	万	千	百	十	元	角	分		亿	千	百	十	万	千	百	十	元	角	分

明细账

分页：………… 总页：…………

………级科目………………………… ………级科目…………………………

年		凭证		摘要	借方											贷方											借或贷	余额										
月	日	种类	号数		亿	千	百	十	万	千	百	十	元	角	分	亿	千	百	十	万	千	百	十	元	角	分		亿	千	百	十	万	千	百	十	元	角	分

明细账

分页：…………　总页：…………

……级科目……………………　……级科目……………………

年		凭证		摘要	借方											贷方											借或贷	余额										
月	日	种类	号数		亿	千	百	十	万	千	百	十	元	角	分	亿	千	百	十	万	千	百	十	元	角	分		亿	千	百	十	万	千	百	十	元	角	分

明细账

分页：…………　总页：…………

……级科目……………………　……级科目……………………

年		凭证		摘要	借方											贷方											借或贷	余额										
月	日	种类	号数		亿	千	百	十	万	千	百	十	元	角	分	亿	千	百	十	万	千	百	十	元	角	分		亿	千	百	十	万	千	百	十	元	角	分

明细科目：

类　　别：　　　　品名：　　　　计量单位：

年		凭证		摘要	借方												贷方												借或贷	余额											
月	日	种类	号数		单价	数量	金额										单价	数量	金额											单价	数量	金额									
							千	百	十	万	千	百	十	元	角	分			千	百	十	万	千	百	十	元	角	分				千	百	十	万	千	百	十	元	角	分

明细科目：

类　　别：　　　　品名：　　　　计量单位：

年		凭证		摘要	借方												贷方												借或贷	余额											
月	日	种类	号数		单价	数量	金额										单价	数量	金额											单价	数量	金额									
							千	百	十	万	千	百	十	元	角	分			千	百	十	万	千	百	十	元	角	分				千	百	十	万	千	百	十	元	角	分

明细科目：……………………

类　　别：……………………　　品名：……………………　　计量单位：……………………

年		凭证		摘要	借方												贷方												借或贷	余额											
月	日	种类	号数		单价	数量	金额										单价	数量	金额											单价	数量	金额									
							千	百	十	万	千	百	十	元	角	分			千	百	十	万	千	百	十	元	角	分				千	百	十	万	千	百	十	元	角	分

明细科目：……………………

类　　别：……………………　　品名：……………………　　计量单位：……………………

年		凭证		摘要	借方												贷方												借或贷	余额											
月	日	种类	号数		单价	数量	金额										单价	数量	金额											单价	数量	金额									
							千	百	十	万	千	百	十	元	角	分			千	百	十	万	千	百	十	元	角	分				千	百	十	万	千	百	十	元	角	分

明细科目：

类　　别：　　　　品名：　　　　计量单位：

年		凭证		摘要	借方												贷方												借或贷	余额											
月	日	种类	号数		单价	数量	金额										单价	数量	金额											单价	数量	金额									
							千	百	十	万	千	百	十	元	角	分			千	百	十	万	千	百	十	元	角	分				千	百	十	万	千	百	十	元	角	分

明细科目：

类　　别：　　　　品名：　　　　计量单位：

年		凭证		摘要	借方												贷方												借或贷	余额											
月	日	种类	号数		单价	数量	金额										单价	数量	金额											单价	数量	金额									
							千	百	十	万	千	百	十	元	角	分			千	百	十	万	千	百	十	元	角	分				千	百	十	万	千	百	十	元	角	分

明细科目：
类　　别：　　　　品名：　　　　计量单位：

年		凭证		摘要	借方												贷方												借或贷	余额											
月	日	种类	号数		单价	数量	金额										单价	数量	金额											单价	数量	金额									
							千	百	十	万	千	百	十	元	角	分			千	百	十	万	千	百	十	元	角	分				千	百	十	万	千	百	十	元	角	分

明细科目：
类　　别：　　　　品名：　　　　计量单位：

年		凭证		摘要	借方												贷方												借或贷	余额											
月	日	种类	号数		单价	数量	金额										单价	数量	金额											单价	数量	金额									
							千	百	十	万	千	百	十	元	角	分			千	百	十	万	千	百	十	元	角	分				千	百	十	万	千	百	十	元	角	分

多栏式明细账目录

编号	科目	起讫页码	编号	科目	起讫页码

多栏式明细账目录

编号	科目	起讫页码	编号	科目	起讫页码

………级科目编号及名称………

………级科目编号及名称………

年		凭证号数	摘要	1	2	3	4	5	6	7
月	日			百十万千百十元角分	百十万千百十元角分	百十万千百十元角分	百十万千百十元角分	百十万千百十元角分	百十万千百十元角分	百十万千百十元角分

8									9									10									11									12									13									14									15									16								
百	十	万	千	百	十	元	角	分	百	十	万	千	百	十	元	角	分	百	十	万	千	百	十	元	角	分	百	十	万	千	百	十	元	角	分	百	十	万	千	百	十	元	角	分	百	十	万	千	百	十	元	角	分	百	十	万	千	百	十	元	角	分	百	十	万	千	百	十	元	角	分	百	十	万	千	百	十	元	角	分

……级科目编号及名称……

……级科目编号及名称……

年		凭证	摘要	1	2	3	4	5	6	7
月	日	号数		百十万千百十元角分	百十万千百十元角分	百十万千百十元角分	百十万千百十元角分	百十万千百十元角分	百十万千百十元角分	百十万千百十元角分

8									9									10									11									12									13									14									15									16								
百	十	万	千	百	十	元	角	分	百	十	万	千	百	十	元	角	分	百	十	万	千	百	十	元	角	分	百	十	万	千	百	十	元	角	分	百	十	万	千	百	十	元	角	分	百	十	万	千	百	十	元	角	分	百	十	万	千	百	十	元	角	分	百	十	万	千	百	十	元	角	分	百	十	万	千	百	十	元	角	分

级科目

年		记账凭证	摘要	借方											贷方											借或贷	余额																																													
月	日			亿	千	百	十	万	千	百	十	元	角	分	亿	千	百	十	万	千	百	十	元	角	分		亿	千	百	十	万	千	百	十	元	角	分	亿	千	百	十	万	千	百	十	元	角	分	亿	千	百	十	万	千	百	十	元	角	分	亿	千	百	十	万	千	百	十	元	角	分

明　细　账

分页：………… 总页：…………

（　　　　）方　项　目

亿千百十万千百十元角分	亿千百十万千百十元角分	亿千百十万千百十元角分	亿千百十万千百十元角分	亿千百十万千百十元角分	亿千百十万千百十元角分	亿千百十万千百十元角分	亿千百十万千百十元角分	亿千百十万千百十元角分

……级科目……………………………

年		记账凭证	摘要	借方	贷方	借或贷	余额			
月	日			亿千百十万千百十元角分	亿千百十万千百十元角分		亿千百十万千百十元角分	亿千百十万千百十元角分	亿千百十万千百十元角分	亿千百十万千百十元角分

明 细 账

分页：……………… 总页：………………

（　　　　　）方 项 目

亿	千	百	十	万	千	百	十	元	角	分	亿	千	百	十	万	千	百	十	元	角	分	亿	千	百	十	万	千	百	十	元	角	分	亿	千	百	十	万	千	百	十	元	角	分	亿	千	百	十	万	千	百	十	元	角	分	亿	千	百	十	万	千	百	十	元	角	分	亿	千	百	十	万	千	百	十	元	角	分	亿	千	百	十	万	千	百	十	元	角	分	亿	千	百	十	万	千	百	十	元	角	分

制造费用

总页________分页________

车间（部门）名称________________________

年		凭证号数	摘要	借方发生额	明细项目						
					工资	福利费	折旧费	修理费	机物料消耗	低值易耗品摊销	水电费
月	日			千百十万千百十元角分	百十万千百十元角分	百十万千百十元角分	百十万千百十元角分	百十万千百十元角分	百十万千百十元角分	百十万千百十元角分	百十万千百十元角分

明 细 账

总页 ________ 分页 ________

车间（部门）名称 ____________________

明细项目									
办公费	差旅费	运输费	租赁费	保险费	劳动保护费	设计制图费	试验检验费	外部加工费	
百十万千百十元角分	百十万千百十元角分	百十万千百十元角分	百十万千百十元角分	百十万千百十元角分	百十万千百十元角分	百十万千百十元角分	百十万千百十元角分	百十万千百十元角分	百十万千百十元角分

总页________分页________

制造费用

车间（部门）名称________________________

年		凭证号数	摘要	借方发生额	明细项目						
月	日				工资	福利费	折旧费	修理费	机物料消耗	低值易耗品摊销	水电费
				千百十万千百十元角分	百十万千百十元角分	百十万千百十元角分	百十万千百十元角分	百十万千百十元角分	百十万千百十元角分	百十万千百十元角分	百十万千百十元角分

明 细 账

总页________ 分页________

车间（部门）名称________________________

明细项目									
办公费	差旅费	运输费	租赁费	保险费	劳动保护费	设计制图费	试验检验费	外部加工费	
百十万千百十元角分	百十万千百十元角分	百十万千百十元角分	百十万千百十元角分	百十万千百十元角分	百十万千百十元角分	百十万千百十元角分	百十万千百十元角分	百十万千百十元角分	百十万千百十元角分

总页________分页________

制造费用

车间（部门）名称______________________________

年		凭证号数	摘要	借方发生额	明细项目						
月	日			千百十万千百十元角分	工资	福利费	折旧费	修理费	机物料消耗	低值易耗品摊销	水电费
					百十万千百十元角分	百十万千百十元角分	百十万千百十元角分	百十万千百十元角分	百十万千百十元角分	百十万千百十元角分	百十万千百十元角分

明细账

总页________ 分页________

车间（部门）名称________________

明细项目									
办公费	差旅费	运输费	租赁费	保险费	劳动保护费	设计制图费	试验检验费	外部加工费	
百十万千百十元角分	百十万千百十元角分	百十万千百十元角分	百十万千百十元角分	百十万千百十元角分	百十万千百十元角分	百十万千百十元角分	百十万千百十元角分	百十万千百十元角分	百十万千百十元角分

总页		分页	

生产成本明细账

科目名称 ________________　　投产日期 ________　　计划工时 ________

生产车间 ________________　　完工日期 ________　　实际工时 ________

产品名称 ________________　　规格 ________________　　数量 ________　　完成产量 ________

年		凭证号数	摘要	借方发生额	成本项目					
月	日				直接材料	直接工资	制造费用			
				千百十万千百十元角分	千百十万千百十元角分	千百十万千百十元角分	千百十万千百十元角分	千百十万千百十元角分	千百十万千百十元角分	千百十万千百十元角分

总页		分页	

计划工时……　投产日期……

实际工时……　完工日期……

完成产量……　数量……

生产成本明细账

规格……

科目名称……

生产车间……

产品名称……

年		凭证号数	摘要	借方发生额	成本项目				
月	日				直接材料	直接工资	制造费用		
				千百十万千百十元角分	千百十万千百十元角分	千百十万千百十元角分	千百十万千百十元角分	千百十万千百十元角分	千百十万千百十元角分

总页		分页	

科目名称 ________________

生产车间 ________________

产品名称 ________________

生产成本明细账

规格 ________________

投产日期 ________ 计划工时 ________

完工日期 ________ 实际工时 ________

数量 ________ 完成产量 ________

年		凭证号数	摘要	借方发生额	成本项目					
					直接材料	直接工资	制造费用			
月	日			千百十万千百十元角分	千百十万千百十元角分	千百十万千百十元角分	千百十万千百十元角分	千百十万千百十元角分	千百十万千百十元角分	千百十万千百十元角分

计划工时……　投产日期……

实际工时……　完工日期……

完成产量……　数量……

生产成本明细账

规格……

总页		分页	

科目名称……

生产车间……

产品名称……

年		凭证号数	摘要	借方发生额	成本项目					
月	日				直接材料	直接工资	制造费用			
				千百十万千百十元角分	千百十万千百十元角分	千百十万千百十元角分	千百十万千百十元角分	千百十万千百十元角分	千百十万千百十元角分	千百十万千百十元角分

管理费用

年		记账凭证		摘要	合计										工资及福利费										折旧费									办公费									差旅费									工会经费								
月	日	字	号		千	百	十	万	千	百	十	元	角	分	千	百	十	万	千	百	十	元	角	分	百	十	万	千	百	十	元	角	分	百	十	万	千	百	十	元	角	分	百	十	万	千	百	十	元	角	分	百	十	万	千	百	十	元	角	分

明　细　账

总页　　分页

……级科目编号及名称……

……级科目编号及名称……

职工教育经费									待业保险费									劳动保险费									税金									业务招待费									研究开发费									坏账损失									其他																	
百	十	万	千	百	十	元	角	分	百	十	万	千	百	十	元	角	分	百	十	万	千	百	十	元	角	分	百	十	万	千	百	十	元	角	分	百	十	万	千	百	十	元	角	分	百	十	万	千	百	十	元	角	分	百	十	万	千	百	十	元	角	分	百	十	万	千	百	十	元	角	分	百	十	万	千	百	十	元	角	分

管理费用

年		记账凭证		摘要	合计										工资及福利费										折旧费									办公费									差旅费									工会经费								
月	日	字	号		千	百	十	万	千	百	十	元	角	分	千	百	十	万	千	百	十	元	角	分	百	十	万	千	百	十	元	角	分	百	十	万	千	百	十	元	角	分	百	十	万	千	百	十	元	角	分	百	十	万	千	百	十	元	角	分

明　细　账

总页　　　分页

……级科目编号及名称……

……级科目编号及名称……

职工教育经费									待业保险费									劳动保险费									税　金									业务招待费									研究开发费									坏账损失									其　他																	
百	十	万	千	百	十	元	角	分	百	十	万	千	百	十	元	角	分	百	十	万	千	百	十	元	角	分	百	十	万	千	百	十	元	角	分	百	十	万	千	百	十	元	角	分	百	十	万	千	百	十	元	角	分	百	十	万	千	百	十	元	角	分	百	十	万	千	百	十	元	角	分	百	十	万	千	百	十	元	角	分

管理费用

年		记账凭证		摘要	合计										工资及福利费										折旧费									办公费									差旅费									工会经费								
月	日	字	号		千	百	十	万	千	百	十	元	角	分	千	百	十	万	千	百	十	元	角	分	百	十	万	千	百	十	元	角	分	百	十	万	千	百	十	元	角	分	百	十	万	千	百	十	元	角	分	百	十	万	千	百	十	元	角	分

明　细　账

总页		分页	

……级科目编号及名称……

……级科目编号及名称……

职工教育经费	待业保险费	劳动保险费	税　金	业务招待费	研究开发费	坏账损失	其　他	
百十万千百十元角分	百十万千百十元角分	百十万千百十元角分	百十万千百十元角分	百十万千百十元角分	百十万千百十元角分	百十万千百十元角分	百十万千百十元角分	百十万千百十元角分

总页________分页________

销售费用

会计科目：______________________________

年		凭证号数	摘要	借方发生额	明细项目							
月	日				工资	福利费	折旧费	修理费	低值易耗品摊销	办公费	差旅费	运输费
				千百十万千百十元角分	百十万千百十元角分	百十万千百十元角分	百十万千百十元角分	百十万千百十元角分	百十万千百十元角分	百十万千百十元角分	百十万千百十元角分	百十万千百十元角分

明 细 账

总页________ 分页________

会计科目：____________________

明细项目										
租赁费	保险费	装卸费	包装费	展览费	广告费	委托代销手续费	销售服务费	仓储保管费	产品损耗	
百十万千百十元角分	百十万千百十元角分	百十万千百十元角分	百十万千百十元角分	百十万千百十元角分	百十万千百十元角分	百十万千百十元角分	百十万千百十元角分	百十万千百十元角分	百十万千百十元角分	百十万千百十元角分

销售费用

总页________分页________

会计科目：______________________________

年		凭证号数	摘要	借方发生额	明细项目							
月	日				工资	福利费	折旧费	修理费	低值易耗品摊销	办公费	差旅费	运输费
				千百十万千百十元角分	百十万千百十元角分	百十万千百十元角分	百十万千百十元角分	百十万千百十元角分	百十万千百十元角分	百十万千百十元角分	百十万千百十元角分	百十万千百十元角分

明细账

总页________ 分页________

会计科目：________________________

明细项目										
租赁费	保险费	装卸费	包装费	展览费	广告费	委托代销手续费	销售服务费	仓储保管费	产品损耗	
百十万千百十元角分	百十万千百十元角分	百十万千百十元角分	百十万千百十元角分	百十万千百十元角分	百十万千百十元角分	百十万千百十元角分	百十万千百十元角分	百十万千百十元角分	百十万千百十元角分	百十万千百十元角分

总页________分页________

销售费用

会计科目：________________

年		凭证号数	摘要	借方发生额	明细项目							
月	日				工资	福利费	折旧费	修理费	低值易耗品摊销	办公费	差旅费	运输费
				千百十万千百十元角分	百十万千百十元角分	百十万千百十元角分	百十万千百十元角分	百十万千百十元角分	百十万千百十元角分	百十万千百十元角分	百十万千百十元角分	百十万千百十元角分

明 细 账

总页________分页________

会计科目：________________

明细项目										
租赁费	保险费	装卸费	包装费	展览费	广告费	委托代销手续费	销售服务费	仓储保管费	产品损耗	
百十万千百十元角分	百十万千百十元角分	百十万千百十元角分	百十万千百十元角分	百十万千百十元角分	百十万千百十元角分	百十万千百十元角分	百十万千百十元角分	百十万千百十元角分	百十万千百十元角分	百十万千百十元角分

总页		分页	

财务费用明细账

年		记账凭证		摘要	借方			贷方			借或贷	余额
					发生额	其中		发生额	其中			
						利息支出	汇兑损失		利息支出	汇兑收益		
月	日	字	号		百十万千百十元角分	十万千百十元角分	十万千百十元角分	百十万千百十元角分	十万千百十元角分	十万千百十元角分		百十万千百十元角分

总页 ____ 分页 ____

财务费用明细账

年		记账凭证		摘要	借方			贷方			借或贷	余额
					发生额	其中		发生额	其中			
						利息支出	汇兑损失		利息支出	汇兑收益		
月	日	字	号		百十万千百十元角分	十万千百十元角分	十万千百十元角分	百十万千百十元角分	十万千百十元角分	十万千百十元角分		百十万千百十元角分

财务费用明细账

总页		分页	

年		记账凭证		摘要	借方			贷方			借或贷	余额
					发生额	其中		发生额	其中			
						利息支出	汇兑损失		利息支出	汇兑收益		
月	日	字	号		百十万千百十元角分	十万千百十元角分	十万千百十元角分	百十万千百十元角分	十万千百十元角分	十万千百十元角分		百十万千百十元角分

财务费用明细账

总页		分页	

<table>
<tr><th colspan="2">年</th><th colspan="2">记账凭证</th><th rowspan="3">摘　　要</th><th colspan="3">借　　方</th><th colspan="3">贷　　方</th><th rowspan="3">借或贷</th><th rowspan="3">余　　额
百十万千百十元角分</th></tr>
<tr><th rowspan="2">月</th><th rowspan="2">日</th><th rowspan="2">字</th><th rowspan="2">号</th><th rowspan="2">发生额
百十万千百十元角分</th><th colspan="2">其　　中</th><th rowspan="2">发生额
百十万千百十元角分</th><th colspan="2">其　　中</th></tr>
<tr><th>利息支出
十万千百十元角分</th><th>汇兑损失
十万千百十元角分</th><th>利息支出
十万千百十元角分</th><th>汇兑收益
十万千百十元角分</th></tr>
</table>

固定资产明细账

总页＿＿＿＿ 分页＿＿＿＿

类别

耐用年限：＿＿＿＿ 使用部门：＿＿＿＿ 固定资产编号：＿＿＿＿

残　值：＿＿＿＿元 存放地点：＿＿＿＿ 固定资产名称：＿＿＿＿

折旧率每年：＿＿%　每月＿＿% 厂名型号：＿＿＿＿ 固定资产规格：＿＿＿＿

折旧额每年：＿＿%　每月＿＿元 始用日期：＿＿＿＿ 固定资产名称：＿＿＿＿

停止使用日期					
恢复使用日期					

日期			凭证号数	摘要	数量	单价	原价或重置价值			已使用年数	折旧			净值
							借方	贷方	余额		借方	贷方	累计折旧额	
年	月	日					百十万千百十元角分	百十万千百十元角分	百十万千百十元角分		十万千百十元角分	十万千百十元角分	十万千百十元角分	百十万千百十元角分

固定资产明细账

总页 ____________ 分页 ____________

类别

停止使用日期					
恢复使用日期					

耐用年限：____________________

残　　值：____________________元

折旧率每年：______% 每月______%

折旧额每年：______% 每月______元

使用部门：____________________

存放地点：____________________

厂名型号：____________________

始用日期：____________________

固定资产编号：____________________

固定资产名称：____________________

固定资产规格：____________________

固定资产名称：____________________

日期			凭证号数	摘要	数量	单价	原价或重置价值																											年已使用数	折旧																								净值								
							借方									贷方									余额										借方								贷方								累计折旧额																
年	月	日					百	十	万	千	百	十	元	角	分	百	十	万	千	百	十	元	角	分	百	十	万	千	百	十	元	角	分		十	万	千	百	十	元	角	分	十	万	千	百	十	元	角	分	十	万	千	百	十	元	角	分	百	十	万	千	百	十	元	角	分

固定资产明细账

总页 ____________ 分页 ____________

类别

耐用年限：________________________　　使用部门：________________________　　固定资产编号：________________________

残　　值：______________________元　　存放地点：________________________　　固定资产名称：________________________

折旧率每年：________% 每月 ________%　　厂名型号：________________________　　固定资产规格：________________________

折旧额每年：________% 每月 ________元　　始用日期：________________________　　固定资产名称：________________________

停止使用日期					
恢复使用日期					

日期			凭证号数	摘要	数量	单价	原价或重置价值			年已使用数	折旧			净值
							借方	贷方	余额		借方	贷方	累计折旧额	
年	月	日					百十万千百十元角分	百十万千百十元角分	百十万千百十元角分		十万千百十元角分	十万千百十元角分	十万千百十元角分	百十万千百十元角分

固定资产明细账

总页 ____________ 分页 ____________

类别

停止使用日期					
恢复使用日期					

耐用年限：________________________

残　　值：________________________元

折旧率每年：________% 每月 ________%

折旧额每年：________% 每月 ________元

使用部门：________________________

存放地点：________________________

厂名型号：________________________

始用日期：________________________

固定资产编号：________________________

固定资产名称：________________________

固定资产规格：________________________

固定资产名称：________________________

日期			凭证号数	摘要	数量	单价	原价或重置价值			已使用年数	折旧			净值
年	月	日					借方	贷方	余额		借方	贷方	累计折旧额	
							百十万千百十元角分	百十万千百十元角分	百十万千百十元角分		十万千百十元角分	十万千百十元角分	十万千百十元角分	百十万千百十元角分

产　品　销　售

年	凭证			摘　要	销　售 数　量	产品销售收入（贷方）																						
						产品销售金额												其中：出口产品销售金额										
月	日	种　类	号　数			单　价	亿	千	百	十	万	千	百	十	元	角	分	亿	千	百	十	万	千	百	十	元	角	分

明细分类账

编号：__________ 页次：_______ 总页：_______

名称：____

规格：____

产品销售折让、税金、成本及费用（借方）																																																				产品销售利润（或亏损）									
产品销售折扣与折让									产品销售税金及附加										产品销售税成本												其中：出口产品销售成本											产品销售费用																			
百	十	万	千	百	十	元	角	分	税率	百	十	万	千	百	十	元	角	分	单位成本	亿	千	百	十	万	千	百	十	元	角	分	亿	千	百	十	万	千	百	十	元	角	分	百	十	万	千	百	十	元	角	分	千	百	十	万	千	百	十	元	角	分

产 品 销 售

年		凭证		摘　　要	销售数量	产品销售收入（贷方）																						
						产品销售金额												其中：出口产品销售金额										
月	日	种类	号数			单价	亿	千	百	十	万	千	百	十	元	角	分	亿	千	百	十	万	千	百	十	元	角	分

明细分类账

编号：__________ 页次：_______ 总页：_______

名称：______________________________

规格：______________________________

产品销售折让、税金、成本及费用（借方）																																																			产品销售利润（或亏损）									
产品销售折扣与折让									产品销售税金及附加										产品销售税成本												其中：出口产品销售成本											产品销售费用																			
百	十	万	千	百	十	元	角	分	税率	百	十	万	千	百	十	元	角	分	单位成本	亿	千	百	十	万	千	百	十	元	角	分	亿	千	百	十	万	千	百	十	元	角	分	百	十	万	千	百	十	元	角	分	千	百	十	万	千	百	十	元	角	分

产 品 销 售

年	凭证		摘 要	销售数量	产品销售收入（贷方）																							
					产品销售金额												其中：出口产品销售金额											
月	日	种类	号数		单价	亿	千	百	十	万	千	百	十	元	角	分	亿	千	百	十	万	千	百	十	元	角	分	

明　细　分　类　账

编号：__________ 页次：__________ 总页：__________

名称：____________________

规格：____________________

产品销售折让、税金、成本及费用（借方）																																																			产品销售利润（或亏损）									
产品销售折扣与折让									产品销售税金及附加										产品销售税成本												其中：出口产品销售成本											产品销售费用																			
百	十	万	千	百	十	元	角	分	税率	百	十	万	千	百	十	元	角	分	单位成本	亿	千	百	十	万	千	百	十	元	角	分	亿	千	百	十	万	千	百	十	元	角	分	百	十	万	千	百	十	元	角	分	千	百	十	万	千	百	十	元	角	分

应交税费（增值税）明细账

年 YEAR		凭证字号 VOUCHER NO	摘要 DESCRIPTION	借方 DEBIT				
月 MDI	日 DATE			合计 TOTAL	进项税额 INPUT TAXES	已交税金 TAXES-PAID	转出未交增值税 TRANSMIT VAT.PAYABLE	减免税款 REDUCTION AND EXEMITIONTAXES
				亿千百十万千百十元角分	亿千百十万千百十元角分	亿千百十万千百十元角分	千百十万千百十元角分	千百十万千百十元角分

SUBSIDIARYLEDGER OF TAXES PAYABLE (VALUE-ADDED TAX)

第　　页

连续第　　页

贷方 CREDIT							借或贷 DR/CR	余额 BALANCE
	合计 TOTAL	销项税额 OUTPUT TAXES	出口退税 TAX REFUND OF EXPORT	进项税额转出 INPUT TAX TRANSMIT	转出多交增值税 TRANSMT VATOVERPAID			
千百十万千百十元角分	亿千百十万千百十元角分	亿千百十万千百十元角分	亿千百十万千百十元角分	千百十万千百十元角分	千百十万千百十元角分	千百十万千百十元角分		亿千百十万千百十元角分

应交税费（增值税）明细账

年 YEAR		凭证字号 VOUCHER NO	摘要 DESCRIPTION	借方 DEBIT																																																		
				合计 TOTAL											进项税额 INPUT TAXES											已交税金 TAXES-PAID											转出未交增值税 TRANSMIT VAT.PAYABLE										减免税款 REDUCTION AND EXEMITIONTAXES									
月 MDI	日 DATE			亿	千	百	十	万	千	百	十	元	角	分	亿	千	百	十	万	千	百	十	元	角	分	亿	千	百	十	万	千	百	十	元	角	分	千	百	十	万	千	百	十	元	角	分	千	百	十	万	千	百	十	元	角	分

SUBSIDIARYLEDGER OF TAXES PAYABLE (VALUE-ADDED TAX)

第　　　页

连续第　　页

贷　方 CREDIT							借或贷 DR/CR	余额 BALANCE
	合计 TOTAL	销项税额 OUTPUT TAXES	出口退税 TAX REFUND OF EXPORT	进项税额转出 INPUT TAX TRANSMIT	转出多交增值税 TRANSMT VATOVERPAID			
千百十万千百十元角分	亿千百十万千百十元角分	亿千百十万千百十元角分	亿千百十万千百十元角分	千百十万千百十元角分	千百十万千百十元角分	千百十万千百十元角分		亿千百十万千百十元角分

应交税费（增值税）明细账

年 YEAR		凭证字号 VOUCHER NO	摘要 DESCRIPTION	借方 DEBIT				
月 MDI	日 DATE			合计 TOTAL	进项税额 INPUT TAXES	已交税金 TAXES-PAID	转出未交增值税 TRANSMIT VAT.PAYABLE	减免税款 REDUCTION AND EXEMITIONTAXES
				亿千百十万千百十元角分	亿千百十万千百十元角分	亿千百十万千百十元角分	千百十万千百十元角分	千百十万千百十元角分

SUBSIDIARYLEDGER OF TAXES PAYABLE (VALUE-ADDED TAX)

第　　页

连续第　　页

贷方 CREDIT							借或贷 DR/CR	余额 BALANCE
	合计 TOTAL	销项税额 OUTPUT TAXES	出口退税 TAX REFUND OF EXPORT	进项税额转出 INPUT TAX TRANSMIT	转出多交增值税 TRANSMT VATOVERPAID			
千百十万千百十元角分	亿千百十万千百十元角分	亿千百十万千百十元角分	亿千百十万千百十元角分	千百十万千百十元角分	千百十万千百十元角分	千百十万千百十元角分		亿千百十万千百十元角分

应交税费（增值税）明细账

年 YEAR		凭证字号 VOUCHER NO	摘要 DESCRIPTION	借方 DEBIT				
月 MDI	日 DATE			合计 TOTAL	进项税额 INPUT TAXES	已交税金 TAXES-PAID	转出未交增值税 TRANSMIT VAT.PAYABLE	减免税款 REDUCTION AND EXEMITIONTAXES
				亿千百十万千百十元角分	亿千百十万千百十元角分	亿千百十万千百十元角分	千百十万千百十元角分	千百十万千百十元角分

SUBSIDIARYLEDGER OF TAXES PAYABLE (VALUE-ADDED TAX)

第　　页

连续第　　页

贷方 CREDIT							借或贷 DR/CR	
	合计 TOTAL	销项税额 OUTPUT TAXES	出口退税 TAX REFUND OF EXPORT	进项税额转出 INPUT TAX TRANSMIT	转出多交增值税 TRANSMT VATOVERPAID			余额 BALANCE
千百十万千百十元角分	亿千百十万千百十元角分	亿千百十万千百十元角分	亿千百十万千百十元角分	千百十万千百十元角分	千百十万千百十元角分	千百十万千百十元角分		亿千百十万千百十元角

应收账款分户账

编号：__________ 页次：______ 总页：______

纳税人登记证号：____________________

户名：________________________________

邮政编码：____________________

开户银行：____________________________ 账号：____________________ 电话：____________________ 地址：____________________

年		凭证号数	发票号数	运杂费单据号	摘要	借方金额				贷方金额	借或贷	余额	√
月	日					发票金额		代垫运杂费	合计				
						百十万千百十元角分	十万千百十元角分	十万千百十元角分	百十万千百十元角分	百十万千百十元角分		百十万千百十元角分	

应收账款分户账

纳税人登记证号：____________ 编号：______ 页次：______ 总页：______

邮政编码：____________ 户名：____________

地址：____________ 账号：____________ 电话：____________ 开户银行：____________

年		凭证	发票	运杂费	摘要	借方金额				贷方金额	借或贷	余额	√
月	日	号数	号数	单据号		发票金额		代垫运杂费	合计				
						百十万千百十元角分	十万千百十元角分	十万千百十元角分	百十万千百十元角分	百十万千百十元角分		百十万千百十元角分	

应收账款分户账

编号：__________ 页次：______ 总页：______

户名：__________________________________

开户银行：______________________________ 账号：____________________ 电话：____________________

纳税人登记证号：____________________

邮政编码：____________________

地址：____________________

年		凭证号数	发票号数	运杂费单据号	摘要	借方金额				贷方金额	借或贷	余额	√
月	日					发票金额		代垫运杂费	合计				
						百十万千百十元角分	十万千百十元角分	十万千百十元角分	百十万千百十元角分	百十万千百十元角分		百十万千百十元角分	

纳税人登记证号：______________________

邮政编码：______________________

地址：______________________

应收账款分户账

编号：________ 页次：______ 总页：______

户名：______________________

账号：______________________ 电话：______________________ 开户银行：______________________

年		凭证号数	发票号数	运杂费单据号	摘要	借方金额				贷方金额	借或贷	余额	√
月	日					发票金额		代垫运杂费	合计				
						百十万千百十元角分	十万千百十元角分	十万千百十元角分	百十万千百十元角分	百十万千百十元角分		百十万千百十元角分	

应付账款分户账

编号：__________ 页次：______ 总页：______

户名：________________________________

开户银行：________________________________ 账号：____________________ 电话：____________________

纳税人登记证号：____________________

邮政编码：____________________

地址：____________________

年		凭证号数	发票号数	运杂费单据号	摘要	借方金额				贷方金额	借或贷	余额	√
月	日					发票金额		代垫运杂费	合计				
						百十万千百十元角分	十万千百十元角分	十万千百十元角分	百十万千百十元角分	百十万千百十元角分		百十万千百十元角分	

101

应付账款分户账

纳税人登记证号：____________________　　编号：________ 页次：_____ 总页：_____

邮政编码：____________________　　户名：____________________

地址：____________________　账号：____________________　电话：____________________　开户银行：____________________

年		凭证号数	发票号数	运杂费单据号	摘要	借方金额				贷方金额	借或贷	余额	√
月	日					发票金额		代垫运杂费	合计				
						百十万千百十元角分	十万千百十元角分	十万千百十元角分	百十万千百十元角分	百十万千百十元角分		百十万千百十元角分	

102

应付账款分户账

编号：＿＿＿＿ 页次：＿＿＿ 总页：＿＿＿　　　　纳税人登记证号：＿＿＿＿＿＿＿＿

户名：＿＿＿＿＿＿＿＿＿＿＿＿＿＿　　　　邮政编码：＿＿＿＿＿＿＿＿

开户银行：＿＿＿＿＿＿＿＿＿＿＿＿ 账号：＿＿＿＿＿＿＿＿ 电话：＿＿＿＿＿＿＿＿ 地址：＿＿＿＿＿＿＿＿

年		凭证号数	发票号数	运杂费单据号	摘要	借方金额				贷方金额	借或贷	余额	√
月	日					发票金额		代垫运杂费	合计				
						百 十 万 千 百 十 元 角 分	十 万 千 百 十 元 角 分	十 万 千 百 十 元 角 分	百 十 万 千 百 十 元 角 分	百 十 万 千 百 十 元 角 分		百 十 万 千 百 十 元 角 分	

应付账款分户账

纳税人登记证号：____________　　编号：______ 页次：____ 总页：____

邮政编码：____________　　户名：____________

地址：____________　账号：____________　电话：____________　开户银行：____________

年		凭证号数	发票号数	运杂费单据号	摘要	借方金额				贷方金额	借或贷	余额	√
						发票金额		代垫运杂费	合计				
月	日					百十万千百十元角分	十万千百十元角分	十万千百十元角分	百十万千百十元角分	百十万千百十元角分		百十万千百十元角分	

科目编号A/c No. ______ 页次 ______ 总页 ______

总账科目

Cen.Leg.A/c ________________________

明细科目

Sub.Leg.A/c ________________________

明 细 分 类 账（外币）

SUBSIDIARY LEDGER(FORELGN CURRENCY)

外 币：
Foreign
Currency

年 Date		凭证号数 Voucher No.	摘 要 Explananion	外 币 Foreing Currency							兑换率 Exch. Rate	人 民 币 Renminbi						
				借 方 Debit	√	贷 方 Credit	√	借或贷 Dr.or Cr.	余 额 Balance	√		借 方 Debit	√	贷 方 Credit	√	借或贷 Dr.or Cr.	余 额 Balance	√
月	日			十亿千百十万千百十元角分		十亿千百十万千百十元角分			十亿千百十万千百十元角分			十亿千百十万千百十元角分		十亿千百十万千百十元角分			十亿千百十万千百十元角分	

外　　币：
Foreign
Currency

明 细 分 类 账（外币）
SUBSIDIARY LEDGER(FORELGN CURRENCY)

科目编号A/c No. ______ 页次 ______ 总页 ______
总 账 科 目
Cen.Leg.A/c ______________________
明 细 科 目
Sub.Leg.A/c ______________________

年 Date 月	日	凭证号数 Voucher No.	摘要 Explananion	外币 Foreing Currency 借方 Debit 十亿千百十万千百十元角分	√	贷方 Credit 十亿千百十万千百十元角分	√	借或贷 Dr.or Cr.	余额 Balance 十亿千百十万千百十元角分	√	兑换率 Exch. Rate	人民币 Renminbi 借方 Debit 十亿千百十万千百十元角分	√	贷方 Credit 十亿千百十万千百十元角分	借或贷 Dr.or Cr.	余额 Balance 十亿千百十万千百十元角分	√

科目编号A/c No. ______ 页次 ______ 总页 ______

总 账 科 目
Cen.Leg.A/c ________________________

明 细 科 目
Sub.Leg.A/c ________________________

明 细 分 类 账（外币）
SUBSIDIARY LEDGER(FORELGN CURRENCY)

外 币：
Foreign
Currency

年 Date		凭证号数 Voucher No.	摘 要 Explananion	外 币 Foreing Currency							兑换率 Exch. Rate	人 民 币 Renminbi						
月	日			借 方 Debit	√	贷 方 Credit	√	借或贷 Dr.or Cr.	余 额 Balance	√		借 方 Debit	√	贷 方 Credit	√	借或贷 Dr.or Cr.	余 额 Balance	√
				十亿千百十万千百十元角分		十亿千百十万千百十元角分			十亿千百十万千百十元角分			十亿千百十万千百十元角分		十亿千百十万千百十元角分			十亿千百十万千百十元角分	

外　　币：
Foreign
Currency

明 细 分 类 账（外币）
SUBSIDIARY LEDGER(FORELGN CURRENCY)

科目编号A/c No.______ 页次______ 总页______
总 账 科 目
Cen.Leg.A/c ______________________
明 细 科 目
Sub.Leg.A/c ______________________

年 Date		凭证号数 Voucher No.	摘要 Explananion	外币 Foreing Currency							兑换率 Exch. Rate	人民币 Renminbi						
				借方 Debit	√	贷方 Credit	√	借或贷 Dr.or Cr.	余额 Balance	√		借方 Debit	√	贷方 Credit	√	借或贷 Dr.or Cr.	余额 Balance	√
月	日			十亿千百十万千百十元角分		十亿千百十万千百十元角分			十亿千百十万千百十元角分			十亿千百十万千百十元角分		十亿千百十万千百十元角分			十亿千百十万千百十元角分	

资 产 负 债 表

编制单位：________　　　　________年______月　　　　单位：元

资　　产	期末余额	年初余额	负债和所有者权益（或股东权益）	期末余额	年初余额
流动资产：			流动负债：		
货币资金			短期借款		
交易性金融资产			交易性金融负债		
应收票据			应付票据		
应收账款			应付账款		
预付账款			预收账款		
应收股利			应付职工薪酬		
应收利息			应交税费		
其他应收款			应付利息		
存货			应付股利		
一年内到期的非流动资产			其他应付款		
流动资产合计			一年内到期的非流动资产		
非流动资产：			其他流动负债		
可供出售金融资产			流动负债合计		
持有至到期投资			非流动负债：		
长期应收款			长期借款		
长期股权投资			应付债券		
投资性房地产			长期应付款		
固定资产			专项应付款		
在建工程			预计负债		
工程物资			递延所得税负债		
固定资产清理			其他非流动负债		
生产性生物资产			非流动负债合计		
油气资产			负债合计		
无形资产			所有者权益（或股东权益）：		
开发支出			实收资本（或股本）		
商誉			资本公职		
长摊待摊费用			减：库存股		
递延所得税资产			盈余公积		
其他非流动资产			未分配利润		
非流动资产合计			所有者权益（或股东权益）合计		
资产总计			负债和所有者（或股东权益）总计		

企业负责人：　　　　财会负责人：　　　　复核：　　　　制表：

资　产　负　债　表

编制单位：________　　　　________年______月　　　　单位：元

资　产	期末余额	年初余额	负债和所有者权益（或股东权益）	期末余额	年初余额
流动资产：			流动负债：		
货币资金			短期借款		
交易性金融资产			交易性金融负债		
应收票据			应付票据		
应收账款			应付账款		
预付账款			预收账款		
应收股利			应付职工薪酬		
应收利息			应交税费		
其他应收款			应付利息		
存货			应付股利		
一年内到期的非流动资产			其他应付款		
流动资产合计			一年内到期的非流动资产		
非流动资产：			其他流动负债		
可供出售金融资产			流动负债合计		
持有至到期投资			非流动负债：		
长期应收款			长期借款		
长期股权投资			应付债券		
投资性房地产			长期应付款		
固定资产			专项应付款		
在建工程			预计负债		
工程物资			递延所得税负债		
固定资产清理			其他非流动负债		
生产性生物资产			非流动负债合计		
油气资产			负债合计		
无形资产			所有者权益（或股东权益）：		
开发支出			实收资本（或股本）		
商誉			资本公职		
长摊待摊费用			减：库存股		
递延所得税资产			盈余公积		
其他非流动资产			未分配利润		
非流动资产合计			所有者权益（或股东权益）合计		
资产总计			负债和所有者（或股东权益）总计		

企业负责人：　　　　财会负责人：　　　　复核：　　　　制表：

资产负债表

编制单位：＿＿＿＿＿＿　　＿＿＿年＿＿＿月　　单位：元

资　　产	期末余额	年初余额	负债和所有者权益（或股东权益）	期末余额	年初余额
流动资产：			流动负债：		
货币资金			短期借款		
交易性金融资产			交易性金融负债		
应收票据			应付票据		
应收账款			应付账款		
预付账款			预收账款		
应收股利			应付职工薪酬		
应收利息			应交税费		
其他应收款			应付利息		
存货			应付股利		
一年内到期的非流动资产			其他应付款		
流动资产合计			一年内到期的非流动资产		
非流动资产：			其他流动负债		
可供出售金融资产			流动负债合计		
持有至到期投资			非流动负债：		
长期应收款			长期借款		
长期股权投资			应付债券		
投资性房地产			长期应付款		
固定资产			专项应付款		
在建工程			预计负债		
工程物资			递延所得税负债		
固定资产清理			其他非流动负债		
生产性生物资产			非流动负债合计		
油气资产			负债合计		
无形资产			所有者权益（或股东权益）：		
开发支出			实收资本（或股本）		
商誉			资本公职		
长摊待摊费用			减：库存股		
递延所得税资产			盈余公积		
其他非流动资产			未分配利润		
非流动资产合计			所有者权益（或股东权益）合计		
资产总计			负债和所有者（或股东权益）总计		

企业负责人：　　财会负责人：　　复核：　　制表：

资 产 负 债 表

编制单位：______________ ______年______月 单位：元

资　　产	期末余额	年初余额	负债和所有者权益（或股东权益）	期末余额	年初余额
流动资产：			流动负债：		
货币资金			短期借款		
交易性金融资产			交易性金融负债		
应收票据			应付票据		
应收账款			应付账款		
预付账款			预收账款		
应收股利			应付职工薪酬		
应收利息			应交税费		
其他应收款			应付利息		
存货			应付股利		
一年内到期的非流动资产			其他应付款		
流动资产合计			一年内到期的非流动资产		
非流动资产：			其他流动负债		
可供出售金融资产			流动负债合计		
持有至到期投资			非流动负债：		
长期应收款			长期借款		
长期股权投资			应付债券		
投资性房地产			长期应付款		
固定资产			专项应付款		
在建工程			预计负债		
工程物资			递延所得税负债		
固定资产清理			其他非流动负债		
生产性生物资产			非流动负债合计		
油气资产			负债合计		
无形资产			所有者权益（或股东权益）：		
开发支出			实收资本（或股本）		
商誉			资本公职		
长摊待摊费用			减：库存股		
递延所得税资产			盈余公积		
其他非流动资产			未分配利润		
非流动资产合计			所有者权益（或股东权益）合计		
资产总计			负债和所有者（或股东权益）总计		

企业负责人： 财会负责人： 复核： 制表：

利　润　表

编制单位：＿＿＿＿＿＿　　　　＿＿＿年＿＿＿月　　　　单位：元

项目	本月金额	本年累计金额	上年累计金额
一、营业收入			
减：营业成本			
营业税金及附加			
销售费用			
管理费用			
财务费用			
资产减值损失			
加：公允价值变动收益（损失“—”号填列）			
投资收益（损失“—”号填列）			
其中：对联营企业和合营企业的投资收益			
二、营业利润（亏损以“—”号填列）			
加：营业外收入			
减：营业外支出			
其中：非流动资产处置损失			
三、利润总额（亏损总额以“—”号填列）			
减：所得税费用			
四、净利润（净亏损以“—”号填列）			
五、每股收益：			
（一）基本每股收益			
（二）稀释每股收益			

企业法人（签章）：　　　　财务总监（签章）：　　　　制表（签章）：

利　润　表

编制单位：________　　____年____月　　单位：元

项目	本月金额	本年累计金额	上年累计金额
一、营业收入			
减：营业成本			
营业税金及附加			
销售费用			
管理费用			
财务费用			
资产减值损失			
加：公允价值变动收益（损失“—”号填列）			
投资收益（损失“—”号填列）			
其中：对联营企业和合营企业的投资收益			
二、营业利润（亏损以“—”号填列）			
加：营业外收入			
减：营业外支出			
其中：非流动资产处置损失			
三、利润总额（亏损总额以“—”号填列）			
减：所得税费用			
四、净利润（净亏损以“—”号填列）			
五、每股收益：			
（一）基本每股收益			
（二）稀释每股收益			

企业法人（签章）：　　财务总监（签章）：　　制表（签章）：

利　润　表

编制单位：________　　　　________年______月　　　　单位：元

项目	本月金额	本年累计金额	上年累计金额
一、营业收入			
减：营业成本			
营业税金及附加			
销售费用			
管理费用			
财务费用			
资产减值损失			
加：公允价值变动收益（损失“—”号填列）			
投资收益（损失“—”号填列）			
其中：对联营企业和合营企业的投资收益			
二、营业利润（亏损以“—”号填列）			
加：营业外收入			
减：营业外支出			
其中：非流动资产处置损失			
三、利润总额（亏损总额以“—”号填列）			
减：所得税费用			
四、净利润（净亏损以“—”号填列）			
五、每股收益：			
（一）基本每股收益			
（二）稀释每股收益			

企业法人（签章）：　　　　财务总监（签章）：　　　　制表（签章）：

利　润　表

编制单位：________　　　　____年____月　　　　单位：元

项目	本月金额	本年累计金额	上年累计金额
一、营业收入			
减：营业成本			
营业税金及附加			
销售费用			
管理费用			
财务费用			
资产减值损失			
加：公允价值变动收益（损失“—”号填列）			
投资收益（损失“—”号填列）			
其中：对联营企业和合营企业的投资收益			
二、营业利润（亏损以“—”号填列）			
加：营业外收入			
减：营业外支出			
其中：非流动资产处置损失			
三、利润总额（亏损总额以“—”号填列）			
减：所得税费用			
四、净利润（净亏损以“—”号填列）			
五、每股收益：			
（一）基本每股收益			
（二）稀释每股收益			

企业法人（签章）：　　　　财务总监（签章）：　　　　制表（签章）：

现 金 流 量 表

编制单位：＿＿＿＿＿＿　＿＿＿＿＿年度　　单位：元

项　　目	本月金额	上期金额
一、经营活动产生的现金流量：		
销售商品、提供劳务收到的现金		
收到的税费返还		
收到其他与经营活动有关的资金		
经营活动现金流入小计		
购买商品、接受货务支付的现金		
支付给职工以及为职工支付的现金		
支付的各项税费		
支付其他与经营活动有关的现金		
经营活动现金流出小计		
经营活动产生的现金流量净额		
二、投资活动产生的现金流量		
收回投资收到的现金		
取得投资收益收到的现金		
处置固定资产、无形资产和其他长期资产收回的现金净额		
处置子公司及其他营业单位收到的现金净额		
收到其他与投资活动有关的现金		
投资活动现金流入小计		
购建固定资产、无形资产和其他长期资产支付的现金		
投资支付的现金		
取得子公司及其他营业单位支付的现金净额		
支付其他与投资活动有关的现金		
投资活动现金流出小计		
投资活动产生的现金流量净额		
三、筹资活动产生的现金流量：		
吸收投资收到的现金		
取得借款收到的现金		
收到其他与筹资活动有关的现金		
筹资活动现金流入小计		
偿还债务支付的现金		
分配股利、利润或偿付利息支付的现金		
支付其他与筹资活动有关的现金		
筹资活动现金流出小计		
筹资活动产生的现金流量净额		
四、汇率变动对现金及现金等价物的影响		
五、现金及现金等价物净增加额		
加：期初现金及现金等价物余额		
六、期末现金及现金等价物余额		

企业法人（签章）：　　财务总监（签章）：　　制表（签章）：

现金流量表（补充资料）

编制单位：________________ ______________年度 单位：元

补充资料	本月金额	上期金额
1. 将净利润调节为经营活动现金流量		
净利润		
加：资产减值准备		
固定资产折旧、油气资产折耗、生产性生物资产折旧		
无形资产摊销		
长期待摊费用摊销		
处置固定资产、无形资产和其他长期资产的损失（收益以“—”号填列）		
固定资产报废损失（收益以“—”号填列）		
公允价值变动损失（收益以“—”号填列）		
财务费用（收益以“—”号填列）		
投资损失（收益以“—”号填列）		
递延所得税资产减少（增加以“—”号填列）		
递延所得税负债增加（减少以“—”号填列）		
存货的减少（增加以“—”号填列）		
经营性应收项目的减少（增加以“—”号填列）		
经营性应付项目的的增加（减少以“—”号填列）		
其他		
经营活动产生的现金流量净额		
2. 不涉及现金收支的重大投资和筹资活动：		
债务转为资本		
一年内到期的可转换公司债券		
融资租入固定资产		
3. 现金及现金等价物净变动情况：		
现金的期末余额		
减：现金的期初余额		
加：现金等价物的期末余额		
减：现金等价物的期初余额		
现金及现金等价物净增加额		

企业法人（签章）： 财务总监（签章）： 制表（签章）：

现金流量表

编制单位：________________ ____________年度 单位：元

项目	本月金额	上期金额
一、经营活动产生的现金流量：		
销售商品、提供劳务收到的现金		
收到的税费返还		
收到其他与经营活动有关的资金		
经营活动现金流入小计		
购买商品、接受货务支付的现金		
支付给职工以及为职工支付的现金		
支付的各项税费		
支付其他与经营活动有关的现金		
经营活动现金流出小计		
经营活动产生的现金流量净额		
二、投资活动产生的现金流量		
收回投资收到的现金		
取得投资收益收到的现金		
处置固定资产、无形资产和其他长期资产收回的现金净额		
处置子公司及其他营业单位收到的现金净额		
收到其他与投资活动有关的现金		
投资活动现金流入小计		
购建固定资产、无形资产和其他长期资产支付的现金		
投资支付的现金		
取得子公司及其他营业单位支付的现金净额		
支付其他与投资活动有关的现金		
投资活动现金流出小计		
投资活动产生的现金流量净额		
三、筹资活动产生的现金流量：		
吸收投资收到的现金		
取得借款收到的现金		
收到其他与筹资活动有关的现金		
筹资活动现金流入小计		
偿还债务支付的现金		
分配股利、利润或偿付利息支付的现金		
支付其他与筹资活动有关的现金		
筹资活动现金流出小计		
筹资活动产生的现金流量净额		
四、汇率变动对现金及现金等价物的影响		
五、现金及现金等价物净增加额		
加：期初现金及现金等价物余额		
六、期末现金及现金等价物余额		

企业法人（签章）： 财务总监（签章）： 制表（签章）：

现金流量表（补充资料）

编制单位：________________ ______________年度 单位：元

补 充 资 料	本月金额	上期金额
1. 将净利润调节为经营活动现金流量		
净利润		
加：资产减值准备		
固定资产折旧、油气资产折耗、生产性生物资产折旧		
无形资产摊销		
长期待摊费用摊销		
处置固定资产、无形资产和其他长期资产的损失（收益以“—”号填列）		
固定资产报废损失（收益以“—”号填列）		
公允价值变动损失（收益以“—”号填列）		
财务费用（收益以“—”号填列）		
投资损失（收益以“—”号填列）		
递延所得税资产减少（增加以“—”号填列）		
递延所得税负债增加（减少以“—”号填列）		
存货的减少（增加以“—”号填列）		
经营性应收项目的减少（增加以“—”号填列）		
经营性应付项目的的增加（减少以“—”号填列）		
其他		
经营活动产生的现金流量净额		
2. 不涉及现金收支的重大投资和筹资活动：		
债务转为资本		
一年内到期的可转换公司债券		
融资租入固定资产		
3. 现金及现金等价物净变动情况：		
现金的期末余额		
减：现金的期初余额		
加：现金等价物的期末余额		
减：现金等价物的期初余额		
现金及现金等价物净增加额		

企业法人（签章）： 财务总监（签章）： 制表（签章）：

现 金 流 量 表

编制单位：________________ ________________年度 单位：元

项目	本月金额	上期金额
一、经营活动产生的现金流量：		
销售商品、提供劳务收到的现金		
收到的税费返还		
收到其他与经营活动有关的资金		
经营活动现金流入小计		
购买商品、接受货务支付的现金		
支付给职工以及为职工支付的现金		
支付的各项税费		
支付其他与经营活动有关的现金		
经营活动现金流出小计		
经营活动产生的现金流量净额		
二、投资活动产生的现金流量		
收回投资收到的现金		
取得投资收益收到的现金		
处置固定资产、无形资产和其他长期资产收回的现金净额		
处置子公司及其他营业单位收到的现金净额		
收到其他与投资活动有关的现金		
投资活动现金流入小计		
购建固定资产、无形资产和其他长期资产支付的现金		
投资支付的现金		
取得子公司及其他营业单位支付的现金净额		
支付其他与投资活动有关的现金		
投资活动现金流出小计		
投资活动产生的现金流量净额		
三、筹资活动产生的现金流量：		
吸收投资收到的现金		
取得借款收到的现金		
收到其他与筹资活动有关的现金		
筹资活动现金流入小计		
偿还债务支付的现金		
分配股利、利润或偿付利息支付的现金		
支付其他与筹资活动有关的现金		
筹资活动现金流出小计		
筹资活动产生的现金流量净额		
四、汇率变动对现金及现金等价物的影响		
五、现金及现金等价物净增加额		
加：期初现金及现金等价物余额		
六、期末现金及现金等价物余额		

企业法人（签章）： 财务总监（签章）： 制表（签章）：

现金流量表（补充资料）

编制单位：____________ ____________年度 单位：元

补充资料	本月金额	上期金额
1. 将净利润调节为经营活动现金流量		
净利润		
加：资产减值准备		
固定资产折旧、油气资产折耗、生产性生物资产折旧		
无形资产摊销		
长期待摊费用摊销		
处置固定资产、无形资产和其他长期资产的损失（收益以“—”号填列）		
固定资产报废损失（收益以“—”号填列）		
公允价值变动损失（收益以“—”号填列）		
财务费用（收益以“—”号填列）		
投资损失（收益以“—”号填列）		
递延所得税资产减少（增加以“—”号填列）		
递延所得税负债增加（减少以“—”号填列）		
存货的减少（增加以“—”号填列）		
经营性应收项目的减少（增加以“—”号填列）		
经营性应付项目的的增加（减少以“—”号填列）		
其他		
经营活动产生的现金流量净额		
2. 不涉及现金收支的重大投资和筹资活动：		
债务转为资本		
一年内到期的可转换公司债券		
融资租入固定资产		
3. 现金及现金等价物净变动情况：		
现金的期末余额		
减：现金的期初余额		
加：现金等价物的期末余额		
减：现金等价物的期初余额		
现金及现金等价物净增加额		

企业法人（签章）： 财务总监（签章）： 制表（签章）：

所有者权益变动表

编制单位：＿＿＿＿＿＿　　＿＿＿＿＿年度　　单位：元

项目	本月金额						上年金额					
	实收资本（或股本）	资本公积	减：库存股	盈余公积	未分配利润	所有者权益合计	实收资本（或股本）	资本公积	减：库存股	盈余公积	未分配利润	所有者权益合计
一、上年年末余额												
加：会计政策变更												
前期差错更正												
二、本年年初余额												
三、本年增减变动金额（减少以“—”号填列）												
（一）净利润												
（二）直接计入所有者权益的利得和损失												
1. 可供出售金融资产公允价值变动净额												
2. 权益法下被投资单位其他所有者权益变动的影响												
3. 与计入所有者权益项目相关的所得税影响												
4. 其他												
上述（一）和（二）小计												
（三）所有者投入和减少资本												
1. 所有者投入资本												
2. 股份支付计入所有者权益的金额												
3. 其他												
（四）利润分配												
1. 提取盈余公职												
2. 对所有者（或股东）的分配												
3. 其他												
（五）所有者权益内部结转												
1. 资本公职转赠资本（或股本）												
2. 盈余公积转赠资本（或股本）												
3. 盈余公积弥补亏损												
4. 其他												
四、本年年末余额												

企业法人（签章）：　　财务总监（签章）：　　制表（签章）：

所有者权益变动表

编制单位：________　　　　________年度　　　　单位：元

项目	本月金额						上年金额					
	实收资本（或股本）	资本公积	减：库存股	盈余公积	未分配利润	所有者权益合计	实收资本（或股本）	资本公积	减：库存股	盈余公积	未分配利润	所有者权益合计
一、上年年末余额												
加：会计政策变更												
前期差错更正												
二、本年年初余额												
三、本年增减变动金额（减少以“—”号填列）												
（一）净利润												
（二）直接计入所有者权益的利得和损失												
1. 可供出售金融资产公允价值变动净额												
2. 权益法下被投资单位其他所有者权益变动的影响												
3. 与计入所有者权益项目相关的所得税影响												
4. 其他												
上述（一）和（二）小计												
（三）所有者投入和减少资本												
1. 所有者投入资本												
2. 股份支付计入所有者权益的金额												
3. 其他												
（四）利润分配												
1. 提取盈余公职												
2. 对所有者（或股东）的分配												
3. 其他												
（五）所有者权益内部结转												
1. 资本公职转赠资本（或股本）												
2. 盈余公积转赠资本（或股本）												
3. 盈余公积弥补亏损												
4. 其他												
四、本年年末余额												

企业法人（签章）：　　　　财务总监（签章）：　　　　制表（签章）：

基本财务指标一览表

比率类型	比率名称	单位	本期实际	本年年初	比率增减
变现能力比率	速动比率				
	流动比率				
资产管理比率	存货周转率	次			
	存货周转天数	天			
	应收账款周转率	次			
	应收账款周转天数	天			
	营业周期	天			
	流动资产周转率	次			
	总资产周转率	次			
负债比率	资产负债率	%			
	产权比率	%			
盈利能力比率	销售净利率	%			
	销售毛利率	%			
	资产净利率	%			
	净值报酬率	%			
	资本金利润率	%			

基本财务指标一览表

比率类型	比率名称	单位	本期实际	本年年初	比率增减
变现能力比率	速动比率				
	流动比率				
资产管理比率	存货周转率	次			
	存货周转天数	天			
	应收账款周转率	次			
	应收账款周转天数	天			
	营业周期	天			
	流动资产周转率	次			
	总资产周转率	次			
负债比率	资产负债率	%			
	产权比率	%			
盈利能力比率	销售净利率	%			
	销售毛利率	%			
	资产净利率	%			
	净值报酬率	%			
	资本金利润率	%			

增值税纳税申报表

（一般纳税人适用）

根据国家税收法律法规及增值税相关规定制定本表。纳税人不论有无销售额，均应按税务机关核定的纳税期限填写本表，并向当地税务机关申报。

税款所属时间：自　年　月　日至　年　月　日　　　填表日期：　年　月　日　　　金额单位：元至角分

纳税人识别号				所属行业：		
纳税人名称	（公章）	法定代表人姓名		注册地址	生产经营业地址	
开户银行及帐号		登记注册类型			电话号码	

	项　目	栏次	一般货物、劳务和应税服务 本月数	一般货物、劳务和应税服务 本年累计	即征即退货物、劳务和应税服务 本月数	即征即退货物、劳务和应税服务 本年累计
销售额	（一）按适用税率计税销售额	1				
	其中：应税货物销售额	2				
	应税劳务销售额	3				
	纳税检查调整的销售额	4				
	（二）按简易征收办法计税销售额	5				
	其中：纳税检查调整的销售额	6				
	（三）免、抵、退办法出口销售额	7			——	——
	（四）免税销售额	8			——	——
	其中：免税货物销售额	9			——	——
	免税劳务销售额	10			——	——
税款计算	销项税额	11				
	进项税额	12				
	上期留抵税额	13				——
	进项税额转出	14				
	免、抵、退应退税额	15			——	——
	按适用税率计算的纳税检查应补缴税额	16			——	——
	应抵扣税额合计	17=12+13−14−15+16		——		——

税款计算	实际抵扣税额	18（如17<11，则为17，否则为11）				
	应纳税额	19=11−18				
	期末留抵税额	20=17−18				——
	简易计税办法计算的应纳税额	21				
	按简易计税办法计算的纳税检查应补缴税额	22			——	——
	应纳税额减征额	23				
	应纳税额合计	24=19+21−23				
税款缴纳	期初未缴税额（多缴为负数）	25				
	实收出口开具专用缴款书退税额	26			——	——
	本期已缴税额	27=28+29+30+31				
	①分次预缴税额	28		——		——
	②出口开具专用缴款书预缴税额	29		——	——	——
	③本期缴纳上期应纳税额	30				
	④本期缴纳欠缴税额	31				
	期末未缴税额（多缴为负数）	32=24+25+26−27				
	其中：欠缴税额（≥0）	33=25+26−27		——		——
	本期应补（退）税额	34=24−28−29		——		——
	即征即退实际退税额	35	——	——		
	期初未缴查补税额	36			——	——
	本期入库查补税额	37			——	——
	期末未缴查补税额	38=16+22+36−37			——	——

授权声明	如果你已委托代理人申报，请填写下列资料： 为代理一切税务事宜，现授权 （地址）　　　　　　为本纳税人的代理申报人，任何与本申报表有关的往来文件，都可寄予此人。 授权人签字：	申报人声明	本纳税申报表是根据国家税收法律法规及相关规定填报的，我确定它是真实的、可靠的、完整的。 声明人签字：

收到日期：　　　　　　接收人：　　　　　　主管税务机关盖章：

增值税纳税申报表附列资料（一）

（本期销售情况明细）

税款所属时间：　　年　　月　　日至　　年　　月　　日

纳税人名称：（公章）　　　　　　　　　　　　　　　　　　　　金额单位：元至角分

项目及栏次				开具税控增值税专用发票		开具其他发票		未开具发票		纳税检查调整		合计			应税服务扣除项目本期实际扣除金额	扣除后	
				销售额	销项（应纳）税额	销售额	销项（应纳）税额	销售额	销项（应纳）税额	销售额	销项（应纳）税额	销售额	销项（应纳）税额	价税合计		含税（免税）销售额	销项（应纳）税额
				1	2	3	4	5	6	7	8	9=1+3+5+7	10=2+4+6+8	11=9+10	12	13=11−12	14=13÷(100%+税率或征收率)×税率或征收率
一、一般计税方法	全部征税项目	17%税率的货物及加工修理修配劳务	1											—	—	—	—
		17%税率的有形动产租赁服务	2														
		13%税率	3											—	—	—	—
		11%税率	4														
		6%税率	5														
	其中：即征即退项目	即征即退货物及加工修理修配劳务	6	—	—	—	—	—	—	—	—			—	—	—	—
		即征即退应税服务	7	—	—	—	—	—	—	—	—						
二、简易计税方法计税	全部征税项目	6%征收率	8							—	—			—	—	—	—
		5%征收率	9							—	—			—	—	—	—
		4%征收率	10							—	—			—	—	—	—
		3%征收率的货物及加工修理修配劳务	11							—	—			—	—	—	—
		3%征收率的应税服务	12							—	—						
		预征率　%	13a							—	—						
		预征率　%	13b							—	—						
		预征率　%	13c							—	—						
	其中：即征即退项目	即征即退货物及加工修理修配劳务	14	—	—	—	—	—	—	—	—			—	—	—	—
		即征即退应税服务	15	—	—	—	—	—	—	—	—						
三、免抵退税	货物及加工修理修配劳务		16	—	—		—		—	—	—		—	—	—	—	—
	应税服务		17	—	—		—		—	—	—		—				—
四、免税	货物及加工修理修配劳务		18	—	—		—		—	—	—		—	—	—	—	—
	应税服务		19	—	—		—		—	—	—		—				—

增值税纳税申报表附列资料（二）

（本期进项税额明细）

税款所属时间：　　年　　月　　日至　　年　　月　　日

纳税人名称：（公章）　　　　　　　　　　　　　　　　　　　　金额单位：元至角分

一、申报抵扣的进项税额

项目	栏次	份数	金额	税额
（一）认证相符的税控增值税专用发票	1=2+3			
其中：本期认证相符且本期申报抵扣	2			
前期认证相符且本期申报抵扣	3			
（二）其他扣税凭证	4=5+6+7+8			
其中：海关进口增值税专用缴款书	5			
农产品收购发票或者销售发票	6			
代扣代缴税收缴款凭证	7		—	
运输费用结算单据	8			
	9	—	—	—
	10	—	—	—
（三）外贸企业进项税额抵扣证明	11	—	—	
当期申报抵扣进项税额合计	12=1+4+11			

二、进项税额转出额

项目	栏次	税额		
本期进项税转出额	13=14至23之和			
其中：免税项目用	14			
非应税项目用、集体福利、个人消费	15			
非正常损失	16			
简易计税方法征税项目用	17			
免抵退税办法不得抵扣的进项税额	18			
纳税检查调减进项税额	19			
红字专用发票通知单注明的进项税额	20			
上期留抵税额抵减欠税	21			
上期留抵税额退税	22			
其他应作进项税额转出的情形	23			

三、待抵扣进项税额

项目	栏次	份数	金额	税额
（一）认证相符的税控增值税专用发票	24	—	—	—
期初已认证相符但未申报抵扣	25			
本期认证相符且本期未相符抵扣	26			
期末已认证相符但未申报抵扣	27			
其中：按照乘法规定不允许抵扣	28			
（二）其他扣税凭证	29=30至33之和			
其中：海关进口增值税专用缴款书	30			
农产品收购发票或者销售发票	31			
代扣代缴税收缴款凭证	32		—	
运输费用结算单据	33			
	34			

四、其他

项目	栏次	份数	金额	税额
本期认证相符的税控增值税专用发票	35			
代扣代缴税额	36	—	—	

增值税纳税申报表附列资料（三）

（应税服务扣除项目明细）

税款所属时间：　　年　　月　　日至　　年　　月　　日

纳税人名称：（公章）　　　　　　　　　　　　　　　　　　　　金额单位：元至角分

项目及栏次	本期应税服务价税合计额（免税销售额）	应税服务扣除项目				
		期初余额	本期发生额	本期应扣除金额	本期实际扣除金额	期末余额
	1	2	3	4=2+3	5（5≤1且5≤4）	6=4—5
17%税率的有形动产租赁服务						
11%税率的应税服务						
6%税率的应税服务						
3%征收率的应税服务						
免抵退税的应税服务						
免税的应税服务						

增值税纳税申报表附列资料（四）

（税额抵减情况表）

税款所属时间：　　年　　月　　日至　　年　　月　　日

纳税人名称：（公章）　　　　　　　　　　　　　　　　　　　　金额单位：元至角分

序号	抵减项目	期初余额	本期发生额	本期应抵减税额	本期实际抵减税额	期末余额
		1	2	3=1+2	4≤3	5=3—4
1	增值税税控系统专用设备及技术维护费					
2	分支机构预征缴纳税款					
3						
4						
5						
6						

固定资产进项税额抵扣情况表

纳税人名称（公章）：　　　　填表日期：　　年　　月　　日　　　　金额单位：元至角分

项目	当期申报抵扣的固定资产进项税额	申报抵扣的固定资产进项税额累计
增值税专用发票		
海关进口增值税专用缴款书		
合　　计		

固定资产进项税额抵扣情况表

纳税人名称（公章）：　　　　填表日期：　　年　　月　　日　　　　金额单位：元至角分

项目	当期申报抵扣的固定资产进项税额	申报抵扣的固定资产进项税额累计
增值税专用发票		
海关进口增值税专用缴款书		
合　　计		

增值税纳税申报表

（一般纳税人适用）

根据国家税收法律法规及增值税相关规定制定本表。纳税人不论有无销售额，均应按税务机关核定的纳税期限填写本表，并向当地税务机关申报。

税款所属时间：自　年　月　日至　年　月　日　　填表日期：　年　月　日　　金额单位：元至角分

纳税人识别号			所属行业：		
纳税人名称	（公章）	法定代表人姓名		注册地址		生产经营业地址	
开户银行及帐号		登记注册类型		电话号码	

项目		栏次	一般货物、劳务和应税服务		即征即退货物、劳务和应税服务	
			本月数	本年累计	本月数	本年累计
销售额	（一）按适用税率计税销售额	1				
	其中：应税货物销售额	2				
	应税劳务销售额	3				
	纳税检查调整的销售额	4				
	（二）按简易征收办法计税销售额	5				
	其中：纳税检查调整的销售额	6				
	（三）免、抵、退办法出口销售额	7			——	——
	（四）免税销售额	8			——	——
	其中：免税货物销售额	9			——	——
	免税劳务销售额	10			——	——
税款计算	销项税额	11				
	进项税额	12				
	上期留抵税额	13				——
	进项税额转出	14				
	免、抵、退应退税额	15			——	——
	按适用税率计算的纳税检查应补缴税额	16			——	——
	应抵扣税额合计	17=12+13−14−15+16		——		——

税款计算	实际抵扣税额	18（如17<11，则为17，否则为11）				
	应纳税额	19=11−18				
	期末留抵税额	20=17−18				——
	简易计税办法计算的应纳税额	21				
	按简易计税办法计算的纳税检查应补缴税额	22			——	——
	应纳税额减征额	23				
	应纳税额合计	24=19+21−23				
税款缴纳	期初未缴税额（多缴为负数）	25				
	实收出口开具专用缴款书退税额	26			——	——
	本期已缴税额	27=28+29+30+31				
	①分次预缴税额	28		——		——
	②出口开具专用缴款书预缴税额	29		——	——	——
	③本期缴纳上期应纳税额	30				
	④本期缴纳欠缴税额	31				
	期末未缴税额（多缴为负数）	32=24+25+26−27				
	其中：欠缴税额（≥0）	33=25+26−27		——		——
	本期应补（退）税额	34=24−28−29		——		——
	即征即退实际退税额	35	——	——		
	期初未缴查补税额	36			——	——
	本期入库查补税额	37			——	——
	期末未缴查补税额	38=16+22+36−37			——	——

授权声明	如果你已委托代理人申报，请填写下列资料： 为代理一切税务事宜，现授权 （地址）　　　　为本纳税人的代理申报人，任何与本申报表有关的往来文件，都可寄予此人。 授权人签字：	申报人声明	本纳税申报表是根据国家税收法律法规及相关规定填报的，我确定它是真实的、可靠的、完整的。 声明人签字：

收到日期：　　　　接收人：　　　　主管税务机关盖章：

增值税纳税申报表附列资料（一）

（本期销售情况明细）

税款所属时间：　　年　　月　　日至　　年　　月　　日

纳税人名称：（公章）　　　　　　　　　　　　　　　　　　　　　　　　　金额单位：元至角分

项目及栏次				开具税控增值税专用发票		开具其他发票		未开具发票		纳税检查调整		合计			应税服务扣除项目本期实际扣除金额	扣除后	
				销售额	销项（应纳）税额	销售额	销项（应纳）税额	销售额	销项（应纳）税额	销售额	销项（应纳）税额	销售额	销项（应纳）税额	价税合计		含税（免税）销售额	销项（应纳）税额
				1	2	3	4	5	6	7	8	9=1+3+5+7	10=2+4+6+8	11=9+10	12	13=11−12	14=13÷(100%+税率或征收率)×税率或征收率
一、一般计税方法	全部征税项目	17%税率的货物及加工修理修配劳务	1											——	——	——	——
		17%税率的有形动产租赁服务	2														
		13%税率	3											——	——	——	——
		11%税率	4														
		6%税率	5														
	其中：即征即退项目	即征即退货物及加工修理修配劳务	6	——	——	——	——	——	——	——	——			——	——	——	——
		即征即退应税服务	7	——	——	——	——	——	——	——	——						
二、简易计税方法计税	全部征税项目	6%征收率	8							——	——			——	——	——	——
		5%征收率	9							——	——			——	——	——	——
		4%征收率	10							——	——			——	——	——	——
		3%征收率的货物及加工修理修配劳务	11							——	——			——	——	——	——
		3%征收率的应税服务	12							——	——						
		预征率　%	13a							——	——						
		预征率　%	13b							——	——						
		预征率　%	13c							——	——						
	其中：即征即退项目	即征即退货物及加工修理修配劳务	14	——	——	——	——	——	——	——	——			——	——	——	——
		即征即退应税服务	15	——	——	——	——	——	——	——	——						
三、免抵退税	货物及加工修理修配劳务		16	——	——		——		——	——	——		——	——	——	——	——
	应税服务		17	——	——		——		——	——	——		——				——
四、免税	货物及加工修理修配劳务		18				——		——	——	——		——	——	——	——	——
	应税服务		19	——	——		——		——	——	——		——				——

增值税纳税申报表附列资料（二）

（本期进项税额明细）

税款所属时间：　　年　月　日至　年　月　日

纳税人名称：（公章）　　　　　　　　　　　　　　　　金额单位：元至角分

一、申报抵扣的进项税额				
项目	栏次	份数	金额	税额
（一）认证相符的税控增值税专用发票	1=2+3			
其中：本期认证相符且本期申报抵扣	2			
前期认证相符且本期申报抵扣	3			
（二）其他扣税凭证	4=5+6+7+8			
其中：海关进口增值税专用缴款书	5			
农产品收购发票或者销售发票	6			
代扣代缴税收缴款凭证	7		——	
运输费用结算单据	8			
	9	——	——	——
	10	——	——	——
（三）外贸企业进项税额抵扣证明	11	——	——	
当期申报抵扣进项税额合计	12=1+4+11			
二、进项税额转出额				
项目	栏次	税额		
本期进项税转出额	13=14至23之和			
其中：免税项目用	14			
非应税项目用、集体福利、个人消费	15			
非正常损失	16			
简易计税方法征税项目用	17			
免抵退税办法不得抵扣的进项税额	18			
纳税检查调减进项税额	19			
红字专用发票通知单注明的进项税额	20			
上期留抵税额抵减欠税	21			
上期留抵税额退税	22			
其他应作进项税额转出的情形	23			
三、待抵扣进项税额				
项目	栏次	份数	金额	税额
（一）认证相符的税控增值税专用发票	24	——	——	——
期初已认证相符但未申报抵扣	25			
本期认证相符且本期未相符抵扣	26			
期末已认证相符但未申报抵扣	27			
其中：按照乘法规定不允许抵扣	28			
（二）其他扣税凭证	29=30至33之和			
其中：海关进口增值税专用缴款书	30			
农产品收购发票或者销售发票	31			
代扣代缴税收缴款凭证	32		——	
运输费用结算单据	33			
	34			
四、其他				
项目	栏次	份数	金额	税额
本期认证相符的税控增值税专用发票	35			
代扣代缴税额	36	——	——	

增值税纳税申报表附列资料（三）

（应税服务扣除项目明细）

税款所属时间：　　年　　月　　日至　　年　　月　　日

纳税人名称：（公章）　　　　　　　　　　　　　　　　　　　　　　金额单位：元至角分

项目及栏次	本期应税服务价税合计额（免税销售额）	应税服务扣除项目				
		期初余额	本期发生额	本期应扣除金额	本期实际扣除金额	期末余额
	1	2	3	4=2+3	5（5≤1且5≤4）	6=4—5
17%税率的有形动产租赁服务						
11%税率的应税服务						
6%税率的应税服务						
3%征收率的应税服务						
免抵退税的应税服务						
免税的应税服务						

增值税纳税申报表附列资料（四）

（税额抵减情况表）

税款所属时间：　　年　　月　　日至　　年　　月　　日

纳税人名称：（公章）　　　　　　　　　　　　　　　　　　　　　　金额单位：元至角分

序号	抵减项目	期初余额	本期发生额	本期应抵减税额	本期实际抵减税额	期末余额
		1	2	3=1+2	4≤3	5=3—4
1	增值税税控系统专用设备及技术维护费					
2	分支机构预征缴纳税款					
3						
4						
5						
6						

固定资产进项税额抵扣情况表

纳税人名称（公章）：　　　　填表日期：　　年　　月　　日　　　　金额单位：元至角分

项目	当期申报抵扣的固定资产进项税额	申报抵扣的固定资产进项税额累计
增值税专用发票		
海关进口增值税专用缴款书		
合　　计		

固定资产进项税额抵扣情况表

纳税人名称（公章）：　　　　填表日期：　　年　　月　　日　　　　金额单位：元至角分

项目	当期申报抵扣的固定资产进项税额	申报抵扣的固定资产进项税额累计
增值税专用发票		
海关进口增值税专用缴款书		
合　　计		

增值税纳税申报表

（一般纳税人适用）

根据国家税收法律法规及增值税相关规定制定本表。纳税人不论有无销售额，均应按税务机关核定的纳税期限填写本表，并向当地税务机关申报。

税款所属时间：自 年 月 日至 年 月 日 填表日期： 年 月 日 金额单位：元至角分

纳税人识别号			所属行业：		
纳税人名称	（公章）	法定代表人姓名		注册地址		生产经营业地址	
开户银行及帐号		登记注册类型		电话号码	

	项目	栏次	一般货物、劳务和应税服务		即征即退货物、劳务和应税服务	
			本月数	本年累计	本月数	本年累计
销售额	（一）按适用税率计税销售额	1				
	其中：应税货物销售额	2				
	应税劳务销售额	3				
	纳税检查调整的销售额	4				
	（二）按简易征收办法计税销售额	5				
	其中：纳税检查调整的销售额	6				
	（三）免、抵、退办法出口销售额	7			——	——
	（四）免税销售额	8			——	——
	其中：免税货物销售额	9			——	——
	免税劳务销售额	10			——	——
税款计算	销项税额	11				
	进项税额	12				
	上期留抵税额	13				——
	进项税额转出	14				
	免、抵、退应退税额	15			——	——
	按适用税率计算的纳税检查应补缴税额	16			——	——
	应抵扣税额合计	17=12+13−14−15+16		——		——

税款计算	实际抵扣税额	18（如17<11，则为17，否则为11）				
	应纳税额	19=11−18				
	期末留抵税额	20=17−18				——
	简易计税办法计算的应纳税额	21				
	按简易计税办法计算的纳税检查应补缴税额	22			——	——
	应纳税额减征额	23				
	应纳税额合计	24=19+21−23				
税款缴纳	期初未缴税额（多缴为负数）	25				
	实收出口开具专用缴款书退税额	26			——	——
	本期已缴税额	27=28+29+30+31				
	①分次预缴税额	28		——		——
	②出口开具专用缴款书预缴税额	29		——	——	——
	③本期缴纳上期应纳税额	30				
	④本期缴纳欠缴税额	31				
	期末未缴税额（多缴为负数）	32=24+25+26−27				
	其中：欠缴税额（≥0）	33=25+26−27		——		——
	本期应补（退）税额	34=24−28−29		——		——
	即征即退实际退税额	35	——	——		
	期初未缴查补税额	36			——	——
	本期入库查补税额	37			——	——
	期末未缴查补税额	38=16+22+36−37			——	——

授权声明	如果你已委托代理人申报，请填写下列资料： 为代理一切税务事宜，现授权 （地址）　　　　　为本纳税人的代理申报人，任何与本申报表有关的往来文件，都可寄予此人。 授权人签字：	申报人声明	本纳税申报表是根据国家税收法律法规及相关规定填报的，我确定它是真实的、可靠的、完整的。 声明人签字：

收到日期：　　　　接收人：　　　　主管税务机关盖章：

增值税纳税申报表附列资料（一）

（本期销售情况明细）

税款所属时间：　　年　　月　　日至　　年　　月　　日

纳税人名称：（公章）　　　　　　　　　　　　　　　　　　　　金额单位：元至角分

项目及栏次				开具税控增值税专用发票		开具其他发票		未开具发票		纳税检查调整		合计			应税服务扣除项目本期实际扣除金额	扣除后	
				销售额	销项（应纳）税额	销售额	销项（应纳）税额	销售额	销项（应纳）税额	销售额	销项（应纳）税额	销售额	销项（应纳）税额	价税合计		含税（免税）销售额	销项（应纳）税额
				1	2	3	4	5	6	7	8	9=1+3+5+7	10=2+4+6+8	11=9+10	12	13=11−12	14=13÷(100%+税率或征收率)×税率或征收率
一、一般计税方法	全部征税项目	17%税率的货物及加工修理修配劳务	1											——	——	——	——
		17%税率的有形动产租赁服务	2														
		13%税率	3											——	——	——	——
		11%税率	4														
		6%税率	5														
	其中：即征即退项目	即征即退货物及加工修理修配劳务	6	——	——	——	——	——	——	——	——			——	——	——	——
		即征即退应税服务	7	——	——	——	——	——	——	——	——						
二、简易计税方法计税	全部征税项目	6%征收率	8							——	——			——	——	——	——
		5%征收率	9							——	——			——	——	——	——
		4%征收率	10							——	——			——	——	——	——
		3%征收率的货物及加工修理修配劳务	11							——	——			——	——	——	——
		3%征收率的应税服务	12							——	——						
		预征率　%	13a							——	——						
		预征率　%	13b							——	——						
		预征率　%	13c							——	——						
	其中：即征即退项目	即征即退货物及加工修理修配劳务	14	——	——	——	——	——	——	——	——			——	——	——	——
		即征即退应税服务	15	——	——	——	——	——	——	——	——						
三、免抵退税	货物及加工修理修配劳务		16	——	——		——		——	——	——		——	——	——	——	——
	应税服务		17	——	——		——		——	——	——		——				——
四、免税	货物及加工修理修配劳务		18				——		——	——	——		——	——	——	——	——
	应税服务		19	——	——		——		——	——	——		——				——

增值税纳税申报表附列资料（二）

（本期进项税额明细）

税款所属时间：　　年　　月　　日至　　年　　月　　日

纳税人名称：（公章）　　　　　　　　　　　　　　　　　　　　　金额单位：元至角分

一、申报抵扣的进项税额				
项目	栏次	份数	金额	税额
（一）认证相符的税控增值税专用发票	1=2+3			
其中：本期认证相符且本期申报抵扣	2			
前期认证相符且本期申报抵扣	3			
（二）其他扣税凭证	4=5+6+7+8			
其中：海关进口增值税专用缴款书	5			
农产品收购发票或者销售发票	6			
代扣代缴税收缴款凭证	7		—	
运输费用结算单据	8			
	9	—	—	—
	10	—	—	—
（三）外贸企业进项税额抵扣证明	11	—	—	
当期申报抵扣进项税额合计	12=1+4+11			

二、进项税额转出额		
项目	栏次	税额
本期进项税转出额	13=14至23之和	
其中：免税项目用	14	
非应税项目用、集体福利、个人消费	15	
非正常损失	16	
简易计税方法征税项目用	17	
免抵退税办法不得抵扣的进项税额	18	
纳税检查调减进项税额	19	
红字专用发票通知单注明的进项税额	20	
上期留抵税额抵减欠税	21	
上期留抵税额退税	22	
其他应作进项税额转出的情形	23	

三、待抵扣进项税额				
项目	栏次	份数	金额	税额
（一）认证相符的税控增值税专用发票	24	—	—	—
期初已认证相符但未申报抵扣	25			
本期认证相符且本期未相符抵扣	26			
期末已认证相符但未申报抵扣	27			
其中：按照乘法规定不允许抵扣	28			
（二）其他扣税凭证	29=30至33之和			
其中：海关进口增值税专用缴款书	30			
农产品收购发票或者销售发票	31			
代扣代缴税收缴款凭证	32		—	
运输费用结算单据	33			
	34			

四、其他				
项目	栏次	份数	金额	税额
本期认证相符的税控增值税专用发票	35			
代扣代缴税额	36	—	—	

增值税纳税申报表附列资料（三）

（应税服务扣除项目明细）

税款所属时间：　　年　　月　　日至　　年　　月　　日

纳税人名称：（公章）　　　　　　　　　　　　　　　　金额单位：元至角分

项目及栏次	本期应税服务价税合计额（免税销售额）	应税服务扣除项目				
		期初余额	本期发生额	本期应扣除金额	本期实际扣除金额	期末余额
	1	2	3	4=2+3	5（5≤1且5≤4）	6=4—5
17%税率的有形动产租赁服务						
11%税率的应税服务						
6%税率的应税服务						
3%征收率的应税服务						
免抵退税的应税服务						
免税的应税服务						

增值税纳税申报表附列资料（四）

（税额抵减情况表）

税款所属时间：　　年　　月　　日至　　年　　月　　日

纳税人名称：（公章）　　　　　　　　　　　　　　　　金额单位：元至角分

序号	抵减项目	期初余额	本期发生额	本期应抵减税额	本期实际抵减税额	期末余额
		1	2	3=1+2	4≤3	5=3—4
1	增值税税控系统专用设备及技术维护费					
2	分支机构预征缴纳税款					
3						
4						
5						
6						

固定资产进项税额抵扣情况表

纳税人名称（公章）：　　　　填表日期：　　年　　月　　日　　　　金额单位：元至角分

项目	当期申报抵扣的固定资产进项税额	申报抵扣的固定资产进项税额累计
增值税专用发票		
海关进口增值税专用缴款书		
合　　计		

固定资产进项税额抵扣情况表

纳税人名称（公章）：　　　　填表日期：　　年　　月　　日　　　　金额单位：元至角分

项目	当期申报抵扣的固定资产进项税额	申报抵扣的固定资产进项税额累计
增值税专用发票		
海关进口增值税专用缴款书		
合　　计		

增值税纳税申报表

（小规模纳税人适用）

纳税人识别号：

纳税人名称（公章）：　　　　　　　　　　金额单位：元（列至角分）

税款所属期：　　年　月　日至　　年　月　日　　　　填表日期：　　年　月　日

	项　目	栏次	本期数		本年累计	
			应税货物及劳务	应税服务	应税货物及劳务	应税服务
一、计税依据	（一）应征增值税不含税销售额	1				
	税务机关代开的增值税专用发票不含税销售额	2				
	税控器具开具的普通发票不含税销售额	3				
	（二）销售使用过的应税固定资产不含税销售额	4（4≥5）		——		——
	其中：税控器具开具的普通发票不含税销售额	5		——		——
	（三）免税销售额	6=7+8+9				
	其中：小型企业免税销售额	7				
	未达起征点销售额	8				
	其他免税销售额	9				
	（四）出口免税销售额	10（10≥11）				
	其中：税控器具开具的普通发票销售额	11				
二、税款计算	本期应纳税额	12				
	本期应纳税额减征额	13				
	本期免税额	14				
	其中：小微企业免税额	15				
	未达起征点免税额	16				
	应纳税额合计	17=12−13				
	本期预缴税额	18			——	——
	本期应补（退）税额	19=17-18			——	——

纳税人或代理人声明： 本纳税申报表是根据国家税收法律法规及相关规定填报的，我确定它是真实的、可靠的、完整的。	如纳税人填报，由纳税人填写以下各栏： 办税人员：　　　　财务负责人： 法定代表人：　　　　联系电话： 如委托代理人填报，由代理人填写以下各栏： 代理人名称（公章）：　　　　经办人： 联系电话：

主管税务机关：　　　　接收人：　　　　接收日期：

增值税纳税申报表

（小规模纳税人适用）

纳税人识别号：| | | | | | | | | | | | | | | | | | | | |

纳税人名称（公章）： 金额单位：元（列至角分）

税款所属期： 年 月 日至 年 月 日 填表日期： 年 月 日

	项 目	栏次	本期数		本年累计	
			应税货物及劳务	应税服务	应税货物及劳务	应税服务
一、计税依据	（一）应征增值税不含税销售额	1				
	税务机关代开的增值税专用发票不含税销售额	2				
	税控器具开具的普通发票不含税销售额	3				
	（二）销售使用过的应税固定资产不含税销售额	4（4≥5）		——		——
	其中：税控器具开具的普通发票不含税销售额	5		——		——
	（三）免税销售额	6=7+8+9				
	其中：小型企业免税销售额	7				
	未达起征点销售额	8				
	其他免税销售额	9				
	（四）出口免税销售额	10（10≥11）				
	其中：税控器具开具的普通发票销售额	11				
二、税款计算	本期应纳税额	12				
	本期应纳税额减征额	13				
	本期免税额	14				
	其中：小微企业免税额	15				
	未达起征点免税额	16				
	应纳税额合计	17=12−13				
	本期预缴税额	18			——	——
	本期应补（退）税额	19=17-18			——	——

纳税人或代理人声明： 本纳税申报表是根据国家税收法律法规及相关规定填报的，我确定它是真实的、可靠的、完整的。	如纳税人填报，由纳税人填写以下各栏：	
	办税人员：	财务负责人：
	法定代表人：	联系电话：
	如委托代理人填报，由代理人填写以下各栏：	
	代理人名称（公章）：	经办人：
		联系电话：

主管税务机关： 接收人： 接收日期：

增值税纳税申报表

（小规模纳税人适用）

纳税人识别号：| | | | | | | | | | | | | | | | | | | |

纳税人名称（公章）：　　　　　　　　　　金额单位：元（列至角分）

税款所属期：　　年　月　日至　　年　月　日　　　　　　填表日期：　　年　月　日

	项目	栏次	本期数		本年累计	
			应税货物及劳务	应税服务	应税货物及劳务	应税服务
一、计税依据	（一）应征增值税不含税销售额	1				
	税务机关代开的增值税专用发票不含税销售额	2				
	税控器具开具的普通发票不含税销售额	3				
	（二）销售使用过的应税固定资产不含税销售额	4（4≥5）		——		——
	其中：税控器具开具的普通发票不含税销售额	5		——		——
	（三）免税销售额	6=7+8+9				
	其中：小型企业免税销售额	7				
	未达起征点销售额	8				
	其他免税销售额	9				
	（四）出口免税销售额	10（10≥11）				
	其中：税控器具开具的普通发票销售额	11				
二、税款计算	本期应纳税额	12				
	本期应纳税额减征额	13				
	本期免税额	14				
	其中：小微企业免税额	15				
	未达起征点免税额	16				
	应纳税额合计	17=12−13				
	本期预缴税额	18			——	——
	本期应补（退）税额	19=17-18			——	——

纳税人或代理人声明： 本纳税申报表是根据国家税收法律法规及相关规定填报的，我确定它是真实的、可靠的、完整的。	如纳税人填报，由纳税人填写以下各栏： 办税人员：　　　　财务负责人： 法定代表人：　　　　联系电话： 如委托代理人填报，由代理人填写以下各栏： 代理人名称（公章）：　　　　经办人： 联系电话：

主管税务机关：　　　　　　接收人：　　　　　　接收日期：

增值税纳税申报表（小规模纳税人适用）附列资料

税款所属期：　　年　月　日至　　年　月　日　　　　　　填表日期：　　年　月　日

纳税人名称（公章）：　　　　　　　　　　　　　　　　　金额单位：元（列至角分）

应税服务扣除额计算			
期初余额	本期发生额	本期扣除额	期末余额
1	2	3（3≤1+2之和，且3≤5）	4=1+2—3
应税服务计税销售额计算			
全部含税收入	本期扣除额	含税销售额	不含税销售额
5	6=3	7−5—6	8=7 ÷ 1.03

增值税纳税申报表（小规模纳税人适用）附列资料

税款所属期：　　年　月　日至　　年　月　日　　　　　　填表日期：　　年　月　日

纳税人名称（公章）：　　　　　　　　　　　　　　　　　金额单位：元（列至角分）

应税服务扣除额计算			
期初余额	本期发生额	本期扣除额	期末余额
1	2	3（3≤1+2之和，且3≤5）	4=1+2—3
应税服务计税销售额计算			
全部含税收入	本期扣除额	含税销售额	不含税销售额
5	6=3	7−5—6	8=7 ÷ 1.03

增值税纳税申报表（小规模纳税人适用）附列资料

税款所属期：　　年　月　日至　　年　月　日　　　　填表日期：　　年　月　日

纳税人名称（公章）：　　　　　　　　　　　　　　金额单位：元（列至角分）

应税服务扣除额计算			
期初余额	本期发生额	本期扣除额	期末余额
1	2	3（3≤1+2之和，且3≤5）	4=1+2—3
应税服务计税销售额计算			
全部含税收入	本期扣除额	含税销售额	不含税销售额
5	6=3	7-5—6	8=7÷1.03

增值税纳税申报表（小规模纳税人适用）附列资料

税款所属期：　　年　月　日至　　年　月　日　　　　填表日期：　　年　月　日

纳税人名称（公章）：　　　　　　　　　　　　　　金额单位：元（列至角分）

应税服务扣除额计算			
期初余额	本期发生额	本期扣除额	期末余额
1	2	3（3≤1+2之和，且3≤5）	4=1+2—3
应税服务计税销售额计算			
全部含税收入	本期扣除额	含税销售额	不含税销售额
5	6=3	7-5—6	8=7÷1.03

科目汇总表底稿

单位名称：　　　　　　　　　　　　年　　月　　日至　　日止

科目			科目			科目			科目			科目			科目			科目		
编号	借	贷	编号	借	贷	编号	借	贷	编号	借	贷	编号	借	贷	编号	借	贷	编号	借	贷
合计			合计			合计			合计			合计			合计			合计		

科目汇总表底稿

单位名称：　　　　　　　　　　　　年　　月　　日至　　日止

科目			科目			科目			科目			科目			科目			科目		
编号	借	贷	编号	借	贷	编号	借	贷	编号	借	贷	编号	借	贷	编号	借	贷	编号	借	贷
合计			合计			合计			合计			合计			合计			合计		

科目汇总表底稿

单位名称：　　　　　　　　　　　　年　　月　　日至　　日止

		科目			科目			科目			科目			科目			科目			科目
编号	借	贷	编号	借	贷	编号	借	贷	编号	借	贷	编号	借	贷	编号	借	贷	编号	借	贷
合计			合计			合计			合计			合计			合计			合计		

科目汇总表底稿

单位名称：　　　　　　　　　　　　年　　月　　日至　　日止

		科目			科目			科目			科目			科目			科目			科目
编号	借	贷	编号	借	贷	编号	借	贷	编号	借	贷	编号	借	贷	编号	借	贷	编号	借	贷
合计			合计			合计			合计			合计			合计			合计		

科目汇总表底稿

单位名称：　　　　　　　　　　　　年　月　日至　日止

科目			科目			科目			科目			科目			科目			科目		
编号	借	贷	编号	借	贷	编号	借	贷	编号	借	贷	编号	借	贷	编号	借	贷	编号	借	贷
合计			合计			合计			合计			合计			合计			合计		

科目汇总表底稿

单位名称：　　　　　　　　　　　　年　月　日至　日止

科目			科目			科目			科目			科目			科目			科目		
编号	借	贷	编号	借	贷	编号	借	贷	编号	借	贷	编号	借	贷	编号	借	贷	编号	借	贷
合计			合计			合计			合计			合计			合计			合计		

科目汇总表底稿

单位名称：　　　　　　　　　　　　　　　　　　　　年　　月　　日至　　日止

科目			科目			科目			科目			科目			科目			科目		
编号	借	贷	编号	借	贷	编号	借	贷	编号	借	贷	编号	借	贷	编号	借	贷	编号	借	贷
合计			合计			合计			合计			合计			合计			合计		

科目汇总表底稿

单位名称：　　　　　　　　　　　　　　　　　　　　年　　月　　日至　　日止

科目			科目			科目			科目			科目			科目			科目		
编号	借	贷	编号	借	贷	编号	借	贷	编号	借	贷	编号	借	贷	编号	借	贷	编号	借	贷
合计			合计			合计			合计			合计			合计			合计		

科目汇总表底稿

单位名称：　　　　　　　　　　　　　　　　　　　　年　　月　　日至　　日止

科目			科目			科目			科目			科目			科目			科目		
编号	借	贷	编号	借	贷	编号	借	贷	编号	借	贷	编号	借	贷	编号	借	贷	编号	借	贷
合计			合计			合计			合计			合计			合计			合计		

科目汇总表底稿

单位名称：　　　　　　　　　　　　　　　　　　　　年　　月　　日至　　日止

科目			科目			科目			科目			科目			科目			科目		
编号	借	贷	编号	借	贷	编号	借	贷	编号	借	贷	编号	借	贷	编号	借	贷	编号	借	贷
合计			合计			合计			合计			合计			合计			合计		

科目汇总表底稿

单位名称：　　　　　　　　　　　　　　　　年　　月　　日至　　日止

科目			科目			科目			科目			科目			科目			科目		
编号	借	贷	编号	借	贷	编号	借	贷	编号	借	贷	编号	借	贷	编号	借	贷	编号	借	贷
合计			合计			合计			合计			合计			合计			合计		

科目汇总表底稿

单位名称：　　　　　　　　　　　　　　　　年　　月　　日至　　日止

科目			科目			科目			科目			科目			科目			科目		
编号	借	贷	编号	借	贷	编号	借	贷	编号	借	贷	编号	借	贷	编号	借	贷	编号	借	贷
合计			合计			合计			合计			合计			合计			合计		

科目汇总表

编号：			附件共		张
凭证号数	现金	第	号至	号共	张
	银行	第	号至	号共	张
	转账	第	号至	号共	张

单位：　　　　年　　月　　日至　　月　　日

会计科目	总页	借方金额										贷方金额										会计科目	总页	借方金额										贷方金额									
		千	百	十	万	千	百	十	元	角	分	千	百	十	万	千	百	十	元	角	分			千	百	十	万	千	百	十	元	角	分	千	百	十	万	千	百	十	元	角	分
合计																						合计																					

财会主管　　　　记账　　　　复核　　　　制表

科目汇总表

编号：		附件共		张
凭证号数	现金	第　　号至	号共	张
	银行	第　　号至	号共	张
	转账	第　　号至	号共	张

单位：　　　　年　　月　　日至　　月　　日

会计科目	总页	借方金额										贷方金额									
		千	百	十	万	千	百	十	元	角	分	千	百	十	万	千	百	十	元	角	分
合　　计																					

会计科目	总页	借方金额										贷方金额									
		千	百	十	万	千	百	十	元	角	分	千	百	十	万	千	百	十	元	角	分
合　　计																					

财会主管　　　　记账　　　　复核　　　　制表

科目汇总表

编号： 附件共 张

凭证号数					
	现金	第	号至	号共	张
	银行	第	号至	号共	张
	转账	第	号至	号共	张

单位： 年 月 日至 月 日

会计科目	总页	借方金额										贷方金额										会计科目	总页	借方金额										贷方金额									
		千	百	十	万	千	百	十	元	角	分	千	百	十	万	千	百	十	元	角	分			千	百	十	万	千	百	十	元	角	分	千	百	十	万	千	百	十	元	角	分
合计																						合计																					

财会主管 记账 复核 制表

试算平衡表

年　月　　　　　　　　单位：元

科目名称	期初余额		本期发生		期末余额	
	借方	贷方	借方	贷方	借方	贷方
合计						

复核：　　　　　　　　制表：

试算平衡表

年　月　　　　　　　　　　单位：元

科目名称	期初余额		本期发生		期末余额	
	借方	贷方	借方	贷方	借方	贷方
合计						

复核：　　　　　　　　制表：

试算平衡表

年　月　　　　　　　　单位：元

科目名称	期初余额		本期发生		期末余额	
	借方	贷方	借方	贷方	借方	贷方
合计						

复核：　　　　　　　　制表：

记账凭证封面
VOUCHERS BINDING

Series No.	第	册
Total Books	共	册

Date: 年 月 日至 月 日

记账凭证种类 Kind of Vouchers	起讫号数 From No.To.No.	张数 Sheets	金额总计 Total Amount		附件张数 Attachments

保　管：Filed　　保　管：Checked　　汇订人：Bound

抽出凭证登记
VOUCHERS TAKEN-OUT RERECORD

抽出日期 Date	抽出凭证详细名称及件数 Kind & sheetsof Voucher Taken-out	抽出理由 reason for Taking-out	抽取人盖章 Taker's signature	会计主管人员签章 Chief accountant's Singature	归还日期 Date of Return

记账凭证封面
VOUCHERS BINDING

Series No. 第	册
Total Books 共	册

Date: 年 月 日至 月 日

记账凭证种类 Kind of Vouchers	起讫号数 From No.To.No.	张数 Sheets	金额总计 Total Amount		附件张数 Attachments

保管：Filed　　保管：Checked　　汇订人：Bound

抽出凭证登记
VOUCHERS TAKEN-OUT RERECORD

抽出日期 Date	抽出凭证详细名称及件数 Kind & sheetsof Voucher Taken-out	抽出理由 reason for Taking-out	抽取人盖章 Taker's signature	会计主管人员签章 Chief accountant's Singature	归还日期 Date of Return

记账凭证封面
VOUCHERS BINDING

Series No.	第	册
Total Books	共	册

年　月　日至　月　日
Date:

记账凭证种类 Kind of Vouchers	起讫号数 From No.To.No.	张数 Sheets	金额总计 Total Amount		附件张数 Attachments

保　管：Filed　　　　保　管：Checked　　　　汇订人：Bound

抽出凭证登记
VOUCHERS TAKEN-OUT RERECORD

抽出日期 Date	抽出凭证详细名称及件数 Kind & sheetsof Voucher Taken-out	抽出理由 reason for Taking-out	抽取人盖章 Taker's signature	会计主管人员签章 Chief accountant's Singature	归还日期 Date of Return

总号	
分号	

记账凭证

年 月 日

附件 张

摘要	一级科目	二级及明细科目	过账	借方金额										贷方金额									
				千	百	十	万	千	百	十	元	角	分	千	百	十	万	千	百	十	元	角	分
合计																							

附件 张

财会主管 复核 记账 制单

总号	
分号	

记账凭证

年 月 日

附件 张

摘要	一级科目	二级及明细科目	过账	借方金额										贷方金额									
				千	百	十	万	千	百	十	元	角	分	千	百	十	万	千	百	十	元	角	分
合计																							

附件 张

财会主管 复核 记账 制单

记 账 凭 证

总号	
分号	

年　月　日　　　　附件　　张

摘要	一级科目	二级及明细科目	过账	借方金额										贷方金额									
				千	百	十	万	千	百	十	元	角	分	千	百	十	万	千	百	十	元	角	分
合计																							

附件　张

财会主管　　复核　　记账　　制单

记 账 凭 证

总号	
分号	

年　月　日　　　　附件　　张

摘要	一级科目	二级及明细科目	过账	借方金额										贷方金额									
				千	百	十	万	千	百	十	元	角	分	千	百	十	万	千	百	十	元	角	分
合计																							

附件　张

财会主管　　复核　　记账　　制单

记账凭证

总号	
分号	

年　月　日

附件　　张

摘要	一级科目	二级及明细科目	过账	借方金额										贷方金额									
				千	百	十	万	千	百	十	元	角	分	千	百	十	万	千	百	十	元	角	分
		合计																					

附件　张

财会主管　　复核　　记账　　制单

记账凭证

总号	
分号	

年　月　日

附件　　张

摘要	一级科目	二级及明细科目	过账	借方金额										贷方金额									
				千	百	十	万	千	百	十	元	角	分	千	百	十	万	千	百	十	元	角	分
		合计																					

附件　张

财会主管　　复核　　记账　　制单

记账凭证

总号	
分号	

年 月 日　　　　附件 张

摘要	一级科目	二级及明细科目	过账	借方金额										贷方金额									
				千	百	十	万	千	百	十	元	角	分	千	百	十	万	千	百	十	元	角	分
合计																							

附件 张

财会主管　　复核　　记账　　制单

记账凭证

总号	
分号	

年 月 日　　　　附件 张

摘要	一级科目	二级及明细科目	过账	借方金额										贷方金额									
				千	百	十	万	千	百	十	元	角	分	千	百	十	万	千	百	十	元	角	分
合计																							

附件 张

财会主管　　复核　　记账　　制单

收款凭证

总号	
分号	

借方科目________________　　年　月　日　　附件　张

摘要	应贷科目		过账	金额										
	一级科目	二级及明细科目		亿	千	百	十	万	千	百	十	元	角	分
合计														

附件　张

财会主管　记账　出纳　复核　制单

收款凭证

总号	
分号	

借方科目________________　　年　月　日　　附件　张

摘要	应贷科目		过账	金额										
	一级科目	二级及明细科目		亿	千	百	十	万	千	百	十	元	角	分
合计														

附件　张

财会主管　记账　出纳　复核　制单

收款凭证

总号	
分号	

借方科目 ________________　　　　年　月　日　　　　附件　　张

摘要	应贷科目		过账	金额										
	一级科目	二级及明细科目		亿	千	百	十	万	千	百	十	元	角	分
		合计												

附件　　张

财会主管　　记账　　出纳　　复核　　制单

收款凭证

总号	
分号	

借方科目 ________________　　　　年　月　日　　　　附件　　张

摘要	应贷科目		过账	金额										
	一级科目	二级及明细科目		亿	千	百	十	万	千	百	十	元	角	分
		合计												

附件　　张

财会主管　　记账　　出纳　　复核　　制单

付款凭证

总号	
分号	

贷方科目 ______________　　　　年　月　日　　　　附件　　张

摘要	应贷科目		过账	金额										
	一级科目	二级及明细科目		亿	千	百	十	万	千	百	十	元	角	分
合计														

附件　　张

财会主管　　记账　　出纳　　复核　　制单　　领款人签章

付款凭证

总号	
分号	

贷方科目 ______________　　　　年　月　日　　　　附件　　张

摘要	应贷科目		过账	金额										
	一级科目	二级及明细科目		亿	千	百	十	万	千	百	十	元	角	分
合计														

附件　　张

财会主管　　记账　　出纳　　复核　　制单　　领款人签章

总号	
分号	

付款凭证

贷方科目 ________________　　　　年　月　日　　　　附件　　张

摘要	应贷科目		过账	金额										
	一级科目	二级及明细科目		亿	千	百	十	万	千	百	十	元	角	分
合计														

附件　张

财会主管　　记账　　出纳　　复核　　制单　　领款人签章

总号	
分号	

付款凭证

贷方科目 ________________　　　　年　月　日　　　　附件　　张

摘要	应贷科目		过账	金额										
	一级科目	二级及明细科目		亿	千	百	十	万	千	百	十	元	角	分
合计														

附件　张

财会主管　　记账　　出纳　　复核　　制单　　领款人签章

转账凭证

总号

分号

年　月　日

附件　张

摘要	一级科目	二级及明细科目	过账	借方金额										贷方金额									
				千	百	十	万	千	百	十	元	角	分	千	百	十	万	千	百	十	元	角	分
合计																							

附件　张

财会主管　　复核　　记账　　制单

转账凭证

总号

分号

年　月　日

附件　张

摘要	一级科目	二级及明细科目	过账	借方金额										贷方金额									
				千	百	十	万	千	百	十	元	角	分	千	百	十	万	千	百	十	元	角	分
合计																							

附件　张

财会主管　　复核　　记账　　制单

转账凭证

总号	
分号	

年　月　日

附件　张

摘要	一级科目	二级及明细科目	过账	借方金额										贷方金额									
				千	百	十	万	千	百	十	元	角	分	千	百	十	万	千	百	十	元	角	分
合计																							

附件　张

财会主管　复核　记账　制单

转账凭证

总号	
分号	

年　月　日

附件　张

摘要	一级科目	二级及明细科目	过账	借方金额										贷方金额									
				千	百	十	万	千	百	十	元	角	分	千	百	十	万	千	百	十	元	角	分
合计																							

附件　张

财会主管　复核　记账　制单

记账凭证（外币）
TRANSFER VOUCHER(FOREIGN CURRENCY)

转账第　　号 voucher No.
总号第　　号 Grand No.

日期：　　年　　月　　日
Date: ------------------------------------

外币：
F.C.

摘要 Explanation	总账科目 Gen.Leg. Account	明细科目 Sub.Leg. Account	外币数 Foreign Currency Amount											兑换率 Exch. Rate	过账 P.R.	金额 Amount																					
																借方 Debit											贷方 Credit										
			亿	千	百	十	万	千	百	十	元	角	分			亿	千	百	十	万	千	百	十	元	角	分	亿	千	百	十	万	千	百	十	元	角	分
合计 Total																																					

附件　　张 Attachmeut

核准：Approved　　复核：Checked　　记账：Enterec　　制单：Prepared

记账凭证（外币）
TRANSFER VOUCHER(FOREIGN CURRENCY)

转账第　　号 voucher No.
总号第　　号 Grand No.

日期：　　年　　月　　日
Date: ------------------------------------

外币：
F.C.

摘要 Explanation	总账科目 Gen.Leg. Account	明细科目 Sub.Leg. Account	外币数 Foreign Currency Amount											兑换率 Exch. Rate	过账 P.R.	金额 Amount																					
																借方 Debit											贷方 Credit										
			亿	千	百	十	万	千	百	十	元	角	分			亿	千	百	十	万	千	百	十	元	角	分	亿	千	百	十	万	千	百	十	元	角	分
合计 Total																																					

附件　　张 Attachmeut

核准：Approved　　复核：Checked　　记账：Enterec　　制单：Prepared

记账凭证（外币）
TRANSFER VOUCHER(FOREIGN CURRENCY)

日期： 年 月 日
Date: ________________

外币：F.C.

转账第 号 voucher No.
总号第 号 Grand No.

摘要 Explanation	总账科目 Gen.Leg. Account	明细科目 Sub.Leg. Account	外币数 Foreign Currency Amount											兑换率 Exch. Rate	过账 P.R.	金额 Amount																					
																借方 Debit											贷方 Credit										
			亿	千	百	十	万	千	百	十	元	角	分			亿	千	百	十	万	千	百	十	元	角	分	亿	千	百	十	万	千	百	十	元	角	分
合计 Total																																					

附件 张 Attachment

核准：Approved 复核：Checked 记账：Enterec 制单：Prepared

记账凭证（外币）
TRANSFER VOUCHER(FOREIGN CURRENCY)

日期： 年 月 日
Date: ________________

外币：F.C.

转账第 号 voucher No.
总号第 号 Grand No.

摘要 Explanation	总账科目 Gen.Leg. Account	明细科目 Sub.Leg. Account	外币数 Foreign Currency Amount											兑换率 Exch. Rate	过账 P.R.	金额 Amount																					
																借方 Debit											贷方 Credit										
			亿	千	百	十	万	千	百	十	元	角	分			亿	千	百	十	万	千	百	十	元	角	分	亿	千	百	十	万	千	百	十	元	角	分
合计 Total																																					

附件 张 Attachment

核准：Approved 复核：Checked 记账：Enterec 制单：Prepared

记 账 凭 证 （外币）

TRANSFER VOUCHER(FOREIGN CURRENCY)

日期：　　年　　月　　日

Date: ______________________________

外币：
F.C.

转账第　　号
voucher No.

总号第　　号
Grand No.

摘要 Explanation	总账科目 Gen.Leg. Account	明细科目 Sub.Leg. Account	外币数 Foreign Currency Amount											兑换率 Exch. Rate	过账 P.R.	金额 Amount																					
																借方 Debit											贷方 Credit										
			亿	千	百	十	万	千	百	十	元	角	分			亿	千	百	十	万	千	百	十	元	角	分	亿	千	百	十	万	千	百	十	元	角	分
合计 Total																																					

附件　　张 Attachmeut

核准：Approved　　复核：Checked　　记账：Enterec　　制单：Prepared

记 账 凭 证 （外币）

TRANSFER VOUCHER(FOREIGN CURRENCY)

日期：　　年　　月　　日

Date: ______________________________

外币：
F.C.

转账第　　号
voucher No.

总号第　　号
Grand No.

摘要 Explanation	总账科目 Gen.Leg. Account	明细科目 Sub.Leg. Account	外币数 Foreign Currency Amount											兑换率 Exch. Rate	过账 P.R.	金额 Amount																					
																借方 Debit											贷方 Credit										
			亿	千	百	十	万	千	百	十	元	角	分			亿	千	百	十	万	千	百	十	元	角	分	亿	千	百	十	万	千	百	十	元	角	分
合计 Total																																					

附件　　张 Attachmeut

核准：Approved　　复核：Checked　　记账：Enterec　　制单：Prepared

银行存款余额调节表

开户银行：　　　　　　账号：　　　　　　　　　　　　　　　　年　　月　　日止

摘要	入账日期凭证号	金额										摘要	入账日期凭证号	金额									
		千	百	十	万	千	百	十	元	角	分			千	百	十	万	千	百	十	元	角	分
银行存款日记账余额												银行对账单余额											
加：银行已收，企业未收												加：企业已收，银行未收											
1												1											
2												2											
3												3											
4												4											
5												5											
6												6											
7												7											
减：银行已付，企业未付												减：企业已付，银行未付											
1												1											
2												2											
3												3											
4												4											
5												5											
6												6											
7												7											
8												8											
9												9											
10												10											
11												11											
12												12											
调节后余额												调节后余额											

财会主管：　　　　　　　　　　　　　　　　制表：

银行存款余额调节表

开户银行：　　　　　　　　账号：　　　　　　　　　　　　　　　　年　　月　　日止

摘要	入账日期凭证号	金额										摘要	入账日期凭证号	金额									
		千	百	十	万	千	百	十	元	角	分			千	百	十	万	千	百	十	元	角	分
银行存款日记账余额												银行对账单余额											
加：银行已收，企业未收												加：企业已收，银行未收											
1												1											
2												2											
3												3											
4												4											
5												5											
6												6											
7												7											
减：银行已付，企业未付												减：企业已付，银行未付											
1												1											
2												2											
3												3											
4												4											
5												5											
6												6											
7												7											
8												8											
9												9											
10												10											
11												11											
12												12											
调节后余额												调节后余额											

财会主管：　　　　　　　　　　　　　　　　制表：

银行存款余额调节表

开户银行：　　　　　　　　账号：　　　　　　　　　　　　　　　　　　　　年　　月　　日止

摘要	入账日期 凭证号	金额										摘要	入账日期 凭证号	金额									
		千	百	十	万	千	百	十	元	角	分			千	百	十	万	千	百	十	元	角	分
银行存款日记账余额												银行对账单余额											
加：银行已收，企业未收												加：企业已收，银行未收											
1												1											
2												2											
3												3											
4												4											
5												5											
6												6											
7												7											
减：银行已付，企业未付												减：企业已付，银行未付											
1												1											
2												2											
3												3											
4												4											
5												5											
6												6											
7												7											
8												8											
9												9											
10												10											
11												11											
12												12											
调节后余额												调节后余额											

财会主管：　　　　　　　　　　　　　　　　　　制表：

差旅费报销表

年　月　日

姓名				出发地点						事由						往返天数			
起		止		起止地点		车船费		途中补助		住勤费		旅馆费		西药费		电报电话费		其他费用	
月	日	月	日	起	止	张数	金额	天数	金额	天数	金额	天数	金额	张数	金额	张数	金额	张数	金额
合计																			
实报金额（大写）													附单据						张
原借款数										退款或补款数									

主管人　　　　复核人　　　　领报人

差旅费报销表

年　月　日

姓名				出发地点						事由						往返天数			
起		止		起止地点		车船费		途中补助		住勤费		旅馆费		西药费		电报电话费		其他费用	
月	日	月	日	起	止	张数	金额	天数	金额	天数	金额	天数	金额	张数	金额	张数	金额	张数	金额
合计																			
实报金额（大写）													附单据						张
原借款数										退款或补款数									

主管人　　　　复核人　　　　领报

差旅费报销表

年　　月　　日

姓名				出发地点						事由						往返天数			
起		止		起止地点		车船费		途中补助		住勤费		旅馆费		西药费		电报电话费		其他费用	
月	日	月	日	起	止	张数	金额	天数	金额	天数	金额	天数	金额	张数	金额	张数	金额	张数	金额
合计																			
实报金额（大写）														附单据					张
原借款数										退款或补款数									

主管人　　　　　　　　复核人　　　　　　　　领报人

差旅费报销表

年　　月　　日

姓名				出发地点						事由						往返天数			
起		止		起止地点		车船费		途中补助		住勤费		旅馆费		西药费		电报电话费		其他费用	
月	日	月	日	起	止	张数	金额	天数	金额	天数	金额	天数	金额	张数	金额	张数	金额	张数	金额
合计																			
实报金额（大写）														附单据					张
原借款数										退款或补款数									

主管人　　　　　　　　复核人　　　　　　　　领报

装订线

报销凭证粘贴处

部门	
姓名	
用途	
单据张数　　　张	
金额 （大写）	
金额 ¥：	
证明人	
批准人：	

装订线

报销凭证粘贴处

部门	
姓名	
用途	
单据张数　　　张	
金额 （大写）	
金额 ¥：	
证明人	
批准人：	

装订线

报销凭证粘贴处

部门		
姓名		
用途		
单据张数　　张		
金额	（大写）	
	¥：	
证明人		
批准人：		

装订线

报销凭证粘贴处

部门		
姓名		
用途		
单据张数　　张		
金额	（大写）	
	¥：	
证明人		
批准人：		

费用报销审批单

报销部门：　　　　　　　　年　　月　　日　　　　　　　　单据及附件共________页

用途	金额（元）	备注	
		领导审批	
合计			
金额（大写）	原借款　　元	应退余款　　元	

会计主管　　　　复核　　　　出纳　　　　报销人　　　　领款人

费用报销审批单

报销部门：　　　　　　　　年　　月　　日　　　　　　　　单据及附件共________页

用途	金额（元）	备注	
		领导审批	
合计			
金额（大写）	原借款　　元	应退余款　　元	

会计主管　　　　复核　　　　出纳　　　　报销人　　　　领款人

费用报销审批单

报销部门：　　　　　　年　　月　　日　　　　　　单据及附件共______页

用　　途	金　额（元）	备注	
		领导审批	
合　　计			
金额（大写）	原借款　　元	应退余款　　元	

会计主管　　　复核　　　出纳　　　报销人　　　领款人

费用报销审批单

报销部门：　　　　　　年　　月　　日　　　　　　单据及附件共______页

用　　途	金　额（元）	备注	
		领导审批	
合　　计			
金额（大写）	原借款　　元	应退余款　　元	

会计主管　　　复核　　　出纳　　　报销人　　　领款人

收据存根

No

入账日期：　　年　月　日

交款单位		收款方式	
人民币（大写）		¥	
收款事由			
			年　月　日

第一联　留存根

单位盖章　财会主管　记账　出纳　审核　经办

收据存根

No

入账日期：　　年　月　日

交款单位		收款方式	
人民币（大写）		¥	
收款事由			
			年　月　日

第一联　留存根

单位盖章　财会主管　记账　出纳　审核　经办

统 一 领 据

部别		姓名		费用名称	
领用理由			主管人批准		
领款金额（大写）					
领款日期： 年 月 日			经领人（盖章）		

统 一 领 据

部别		姓名		费用名称	
领用理由			主管人批准		
领款金额（大写）					
领款日期： 年 月 日			经领人（盖章）		

工资发放表

编号

所属日期　　　　年　　月　　日

编号	姓　　名	基本工资				加班费		夜餐费			应扣部分						实发工资	盖　章	
						天数	金额	天数	金额		事假								
1																		1	2
2																			
3																		3	4
4																			
5																		5	6
6																			
7																		7	8
8																			
9																		9	10
10																			
11																		11	12
12																			
13																		13	14
14																			
15																		15	16
16																			
合　计																			

工资发放表

编号
所属日期　　　　年　　月　　日

编号	姓　　名	基本工资				加班费		夜餐费			应扣部分						实发工资	盖　章	
						天数	金额	天数	金额		事假								
1																		1	2
2																			
3																		3	4
4																			
5																		5	6
6																			
7																		7	8
8																			
9																		9	10
10																			
11																		11	12
12																			
13																		13	14
14																			
15																		15	16
16																			
合　　计																			

入 库 单

年　　月　　日　　　　单号________

交来单位及部门		验收仓库		入库日期		
编号	名称及规格	单位	数量		实际价格	
			交库	实收	单价	金额
合　计						

存根联

财务经理：　　　　仓库主管：　　　　经办人：　　　　制单人：

出 库 单

出货单位：　　　　年　　月　　日　　　　单号________

提货单位或领货部门		销售单号		发出仓库		出库日期	
编号	名称及规格	单位	数量		单价	金额	备注
			应发	实发			
合　计							

存根联

部门经理：　　　　会计：　　　　仓库：　　　　经办人：

入库单

年 月 日　　　　　　　　　　单号________

交来单位及部门		验收仓库		入库日期		
编号	名称及规格	单位	数量		实际价格	
			交库	实收	单价	金额
合　　计						

财务经理：　　　仓库主管：　　　经办人：　　　制单人：

存根联

出库单

出货单位：　　　年 月 日　　　　　　　　单号________

提货单位或领货部门		销售单号		发出仓库		出库日期	
编号	名称及规格	单位	数量		单价	金额	备注
			应发	实发			
合　　计							

部门经理：　　　会计：　　　仓库：　　　经办人：

存根联

销 售 单

客户名称：
地址电话：　　　　　　　　　　　　日期：

编码	产品名称	规格	单位	单价	数量	金额	备注
合计	人民币（大写）：						

存根联

销售经理：　　会计：　　经办人：　　仓管：　　签收人：

销 售 单

客户名称：
地址电话：　　　　　　　　　　　　日期：

编码	产品名称	规格	单位	单价	数量	金额	备注
合计	人民币（大写）：						

存根联

销售经理：　　会计：　　经办人：　　仓管：　　签收人：

中国工商银行
支 票 存 根
10203130
0096647

附加信息

出票日期 年 月 日

收款人：

金额：

用途：

单位主管 会计

付款期限自出票之日起十天

中国工商银行 支 票

10203130
0096647

出票日期（大写） 年 月 日 付款行名称：
收款人： 出票人账号：

人民币（大写） 票样

亿	千	百	十	万	千	百	十	元	角	分

用途____ 密码____
上列款项请从 行号____
我账户内支付
出票人签章 复核 记账

附加信息：

被背书人

背书人签章
年 月 日

被背书人

背书人签章
年 月 日

身份证件名称： 发证机关：
号码

（贴粘单处）

支票使用法规提示

1.《票据法》规定禁止签发空头支票和与其预留的签章不符的支票。
2.《票据管理实施办法》规定签发空头支票或签发与其预留签章不符的支票，不以骗取财物为目的的，由中国人民银行处以票面额5%但不低于1000元的罚款。
3.对出票人一年内发生2次（含2次）以上签发支票违法行为的，开户银行应收回其剩余支票，停止其签发支票。
4.中国人民银行上海分行建立支票“黑名单”通报制度。被列入黑名单的出票人在上海市所有银行不得购买支票，开户银行有权停止其全部支付结算业务。
详细情况参见《支票领用单》上的支票使用须知或向开户银行咨询。

中国工商银行
支 票 存 根
10203130
0096647

附加信息

出票日期　　年　　月　　日

收款人：

金额：

用途：

单位主管　　　　会计

付款期限自出票之日起十天

中国工商银行 支　票

10203130
0096647

出票日期（大写）　　　年　　　月　　　日　　　付款行名称：

收款人：　　　　　　　　　　　　　　　　　　　出票人账号：

人民币（大写）	亿	千	百	十	万	千	百	十	元	角	分

票样

用途＿＿＿＿＿＿　　　　　　　　　　　　　　密码＿＿＿＿＿＿

上列款项请从　　　　　　　　　　　　　　　　行号＿＿＿＿＿＿

我账户内支付

出票人签章　　　　　　　　　　　　　　　　　复核　　　　记账

附加信息：

被背书人

背书人签章
年　月　日

被背书人

背书人签章
年　月　日

身份证件名称：　　　　　　发证机关：

号码

（贴粘单处）

支票使用法规提示

1.《票据法》规定禁止签发空头支票和与其预留的签章不符的支票。

2.《票据管理实施办法》规定签发空头支票或签发与其预留签章不符的支票，不以骗取财物为目的的，由中国人民银行处以票面额5%但不低于1000元的罚款。

3.对出票人一年内发生2次（含2次）以上签发支票违法行为的，开户银行应收回其剩余支票，停止其签发支票。

4.中国人民银行上海分行建立支票“黑名单”通报制度。被列入黑名单的出票人在上海市所有银行不得购买支票，开户银行有权停止其全部支付结算业务。

详细情况参见《支票领用单》上的支票使用须知或向开户银行咨询。

中国工商银行
现金支票存根
10203216
11975900

附加信息

出票日期 年 月 日

收款人：

金额：

用途：

单位主管 会计

中国工商银行 现金支票 11975900 **10203216 11975900**

付款期限自出票之日起十天

出票日期（大写） 年 月 日 付款行名称：

收款人： 出票人账号：

人民币（大写）	亿	千	百	十	万	千	百	十	元	角	分

票样

用途 密码

上列款项请从 行号

我账户内支付

出票人签章 复核 记账

附加信息：

被背书人

背书人签章
年 月 日

被背书人

背书人签章
年 月 日

（贴粘单处）

根据《中华人民共和国票据法》等法律法规的规定，签发空头支票由中国人民银行处以票面金额5%但不低于1000元的罚款。

中国工商银行
现金支票存根
10203216
11975900

附加信息

出票日期　年　月　日

收款人：

金额：

用途：

单位主管　　会计

付款期限自出票之日起十天

中国工商银行 现金支票

11975900　10203216 11975900

出票日期（大写）　年　月　日　　付款行名称：

收款人：　　出票人账号：

人民币（大写）	亿	千	百	十	万	千	百	十	元	角	分

票样

用途　　密码

上列款项请从　　行号

我账户内支付

出票人签章　　复核　　记账

附加信息：

被背书人	被背书人
背书人签章 年　月　日	背书人签章 年　月　日

（贴粘单处）

根据《中华人民共和国票据法》等法律法规的规定，签发空头支票由中国人民银行处以票面金额5%但不低于1000元的罚款。

中国工商银行
转账支票存根
10203226
13847394

附加信息

出票日期　年　月　日

收款人：

金额：

用途：

单位主管　会计

付款期限自出票之日起十天

中国工商银行 转账支票

13847394

10203226
13847394

出票日期（大写）　年　月　日　付款行名称：

收款人：　出票人账号：

人民币（大写）	亿	千	百	十	万	千	百	十	元	角	分

票样

用途　密码

上列款项请从　行号

我账户内支付

出票人签章　复核　记账

附加信息：

收款人签章
年　月　日

身份证件名称：　发证机关：

号码																		

（贴粘单处）

根据《中华人民共和国票据法》等法律法规的规定，签发空头支票由中国人民银行处以票面金额5%但不低于1000元的罚款。

中国工商银行
转账支票存根
10203226
13847394

附加信息

出票日期　年　月　日

收款人：

金额：

用途：

单位主管　会计

付款期限自出票之日起十天

中国工商银行 转账支票

13847394　10203226 13847394

出票日期（大写）　年　月　日　付款行名称：
收款人：　出票人账号：

人民币（大写）

亿	千	百	十	万	千	百	十	元	角	分

票样

用途　密码
上列款项请从　行号
我账户内支付
出票人签章　复核　记账

附加信息：

收款人签章
年　月　日

身份证件名称：　发证机关：
号码

（贴粘单处）

根据《中华人民共和国票据法》等法律法规的规定，签发空头支票由中国人民银行处以票面金额5%但不低于1000元的罚款。

ICBC 中国工商银行

现金存款凭条

日期：　　年　　月　　日

存款人	全　称			
	账　号		款项来源	
	开户行		交款人	
金额（大写）			金额（小写）	

亿	千	百	十	万	千	百	十	元	角	分

票面	张　数	十	万	千	百	十	元	票面	张　数	千	百	十	元	角	分	备注
壹佰元								伍　角								
伍拾元								贰　角								
贰拾元								壹　角								
拾　元								伍　分								
伍　元								贰　分								
贰　元								壹　分								
壹　元								其　他								

第一联　银行核对联

ICBC 中国工商银行

现金存款凭条

日期：　　年　　月　　日

存款人	全　称			
	账　号		款项来源	
	开户行		交款人	
金额（大写）			金额（小写）	

亿	千	百	十	万	千	百	十	元	角	分

票面	张　数	十	万	千	百	十	元	票面	张　数	千	百	十	元	角	分	备注
壹佰元								伍　角								
伍拾元								贰　角								
贰拾元								壹　角								
拾　元								伍　分								
伍　元								贰　分								
贰　元								壹　分								
壹　元								其　他								

第一联　银行核对联

注：此联不作为入账依据

200

ICBC 中国工商银行

现金存款凭条

日期：　　年　　月　　日

存款人	全　称			
	账　号		款项来源	
	开户行		交款人	

金额（大写）	金额（小写）	亿	千	百	十	万	千	百	十	元	角	分

票面	张　数	十	万	千	百	十	元	票面	张　数	千	百	十	元	角	分	备注
壹佰元								伍　角								
伍拾元								贰　角								
贰拾元								壹　角								
拾　元								伍　分								
伍　元								贰　分								
贰　元								壹　分								
壹　元								其　他								

第一联　银行核对联

ICBC 中国工商银行

现金存款凭条

日期：　　年　　月　　日

存款人	全　称			
	账　号		款项来源	
	开户行		交款人	

金额（大写）	金额（小写）	亿	千	百	十	万	千	百	十	元	角	分

票面	张　数	十	万	千	百	十	元	票面	张　数	千	百	十	元	角	分	备注
壹佰元								伍　角								
伍拾元								贰　角								
贰拾元								壹　角								
拾　元								伍　分								
伍　元								贰　分								
贰　元								壹　分								
壹　元								其　他								

第一联　银行核对联

注：此联不作为入账依据

ICBC 中国工商银行

业务委托书
APPUCATION FOR MONEY TRANSFER

委托日期 Date　　年 Y　　月 M　　日 D

业务类型 Type	□现金汇款 Cash Remittance　□转账汇款 Transter Remittance　□汇款申请书 D/D　□本票申请书 P/D　□其他 Others______			
委托人 Principal	全　称 Full Name		收款人 Payee	全　称 Full Name	
	账号或地址 Account No.or Addr			账号或地址 Account No.or Addr	
	开户行名称 Account Bank Name			开户行名称 Account Bank Name	
汇款方式 Type Remittance	□普通 Regular □加急 Urgent 加急汇款签字 signature For Urgent Payment______			开户银行 Account Bank	省 Province　市 City
币种及金额（大写） Currency and Amount in Worde					亿 千 百 十 万 千 百 十 元 角 分
用途 In Payment of				支付密码 S.C	

委托人确认上列委托信息填写正确，且已完全理解和接受背面“客户须知”的内容。上列款项及相关费用请从委托人账户内支付。
The above information has been confirmed correctly, The notice has been fully understood. The above remittance and related charges will be drawn from the reterent account.

委托人签章 Principal Signature Stamp

银行填写 Bank Use	□联动收费　□非联动收费　□不收费	备注： Remarks	

受理（扫描）：　　　　审核：

ICBC 中国工商银行

业务委托书 回执
APPUCATION FOR MONEY TRANSFER ACWOMLEGET

沪B06276156

委托人全称 Name of Principal	
委托人账号 A/C of Principal	
收款人全称 Name of payee	
收款人账号 A/C of payee	
金额 Amount	
委托人日期 Date	用途：

此联为银行受理通知书。若委托人申请汇票或本票业务，应凭此联领取汇票或本票。
This paper is the bank acceptance advice, For draft or promissory note application, please return this paper.

ICBC 中国工商银行

业务委托书
APPUCATION FOR MONEY TRANSFER

委托日期 Date　　年 Y　　月 M　　日 D

业务类型 Type | □现金汇款 Cash Remittance　□转账汇款 Transter Remittance　□汇款申请书 D/D　□本票申请书 P/D　□其他 Others______
委托人 Principal | 全　称 Full Name | 账号或地址 Account No.or Addr | 开户行名称 Account Bank Name
收款人 Payee | 全　称 Full Name | 账号或地址 Account No.or Addr | 开户行名称 Account Bank Name | 开户银行 Account Bank 省 Province 市 City
汇款方式 Type Remittance | □普通 Regular □加急 Urgent 加急汇款签字 signature For Urgent Payment______
币种及金额（大写） Currency and Amount in Worde | 亿 千 百 十 万 千 百 十 元 角 分
用途 In Payment of | 支付密码 S.C

委托人确认上列委托信息填写正确，且已完全理解和接受背面“客户须知”的内容。上列款项及相关费用请从委托人账户内支付。
The above information has been confirmed correctly, The notice has been fully understood. The above remittance and related charges will be drawn from the reterent account.

委托人签章 Principal Signature Stamp

银行填写 Bank Use | □联动收费　□非联动收费　□不收费 | 备注： Remarks

受理（扫描）：　　　　审核：

ICBC 中国工商银行

业务委托书 回执
APPUCATION FOR MONEY TRANSFER ACWOMLEGET

沪B06276156

委托人全称 Name of Principal
委托人账号 A/C of Principal
收款人全称 Name of payee
收款人账号 A/C of payee
金额 Amount
委托人日期 Date | 用途：

此联为银行受理通知书。若委托人申请汇票或本票业务，应凭此联领取汇票或本票。
This paper is the bank acceptance advice, For draft or promissory note application, please return this paper.

ICBC 中国工商银行

业务委托书

APPUCATION FOR MONEY TRANSFER

委托日期 Date　　年 Y　　月 M　　日 D

业务类型 Type	□现金汇款 Cash Remittance　□转账汇款 Transter Remittance　□汇款申请书 D/D　□本票申请书 P/D　□其他 Others______				
委托人 Principal	全称 Full Name		收款人 Payee	全称 Full Name	
	账号或地址 Account No.or Addr			账号或地址 Account No.or Addr	
	开户行名称 Account Bank Name			开户行名称 Account Bank Name	
汇款方式 Type Remittance	□普通 Regular □加急 Urgent 加急汇款签字 signature For Urgent Payment______			开户银行 Account Bank	省 Province　市 City
币种及金额（大写） Currency and Amount in Worde					亿 千 百 十 万 千 百 十 元 角 分
用途 In Payment of			支付密码 S.C		

委托人确认上列委托信息填写正确，且已完全理解和接受背面"客户须知"的内容。上列款项及相关费用请从委托人账户内支付。
The above information has been confirmed correctly, The notice has been fully understood. The above remittance and related charges will be drawn from the reterent account.

委托人签章 Principal Signature Stamp

银行填写 Bank Use	□联动收费 □非联动收费 □不收费	备注： Remarks

受理（扫描）：　　　　审核：

ICBC 中国工商银行

业务委托书 回执

APPUCATION FOR MONEY TRANSFER ACWOMLEGET

沪B06276156

委托人全称 Name of Principal	
委托人账号 A/C of Principal	
收款人全称 Name of payee	
收款人账号 A/C of payee	
金额 Amount	
委托人日期 Date	用途：

此联为银行受理通知书。若委托人申请汇票或本票业务，应凭此联领取汇票或本票。
This paper is the bank acceptance advice, For draft or promissory note application, please return this paper.

ICBC 中国工商银行

业务委托书

APPUCATION FOR MONEY TRANSFER

委托日期 Date　　年 Y　　月 M　　日 D

业务类型 Type	□现金汇款 Cash Remittance　□转账汇款 Transter Remittance　□汇款申请书 D/D　□本票申请书 P/D　□其他 Others______				
委托人 Principal	全称 Full Name		收款人 Payee	全称 Full Name	
	账号或地址 Account No.or Addr			账号或地址 Account No.or Addr	
	开户行名称 Account Bank Name			开户行名称 Account Bank Name	
汇款方式 Type Remittance	□普通 Regular □加急 Urgent 加急汇款签字 signature For Urgent Payment______			开户银行 Account Bank	省 Province　市 City
币种及金额（大写） Currency and Amount in Worde					亿 千 百 十 万 千 百 十 元 角 分
用途 In Payment of			支付密码 S.C		

委托人确认上列委托信息填写正确，且已完全理解和接受背面"客户须知"的内容。上列款项及相关费用请从委托人账户内支付。
The above information has been confirmed correctly, The notice has been fully understood. The above remittance and related charges will be drawn from the reterent account.

委托人签章 Principal Signature Stamp

银行填写 Bank Use	□联动收费 □非联动收费 □不收费	备注： Remarks

受理（扫描）：　　　　审核：

ICBC 中国工商银行

业务委托书 回执

APPUCATION FOR MONEY TRANSFER ACWOMLEGET

沪B06276156

委托人全称 Name of Principal	
委托人账号 A/C of Principal	
收款人全称 Name of payee	
收款人账号 A/C of payee	
金额 Amount	
委托人日期 Date	用途：

此联为银行受理通知书。若委托人申请汇票或本票业务，应凭此联领取汇票或本票。
This paper is the bank acceptance advice, For draft or promissory note application, please return this paper.

付款期限
壹 个 月

银行汇票（卡片） 1

汇票号码

出票日期（大写） 年 月 日

代理付款行：		行号：
收款人：		
出票金额	人民币（大写）	
实际结算金额	人民币（大写）	千百十万千百十元角分

票样

申请人：________ 账号或住址：________

出票行：________ 行号：________

备注：________

凭票付款

出票行签章

多余金额	科目（编）________
千百十万千百十元角分	对方科目（编）________
	兑付日期： 年 月 日
	复核 记账

此联出票行结清汇票时作汇出汇款贷方凭证

付款期限
壹 个 月

银行汇票 2

汇票号码

出票日期（大写） 年 月 日

代理付款行：		行号：
收款人：		
出票金额	人民币（大写）	
实际结算金额	人民币（大写）	千百十万千百十元角分

票样

申请人：________ 账号或住址：________

出票行：________ 行号：________

备注：________

凭票付款

出票行签章

多余金额	科目（编）________
千百十万千百十元角分	对方科目（编）________
	兑付日期： 年 月 日
	复核 记账

此联代理付款行付款后作联行往账借方凭证附件

付款期限
壹 个 月

银行汇票（解讫通知）3

汇票号码

出票日期（大写） 年 月 日

代理付款行： 行号：

收款人：

出票金额 人民币（大写）

票样

实际结算金额 人民币（大写）

千	百	十	万	千	百	十	元	角	分

申请人：

账号或住址：

出票行： 行号：

备注：

凭票付款

出票行签章

多余金额

千	百	十	万	千	百	十	元	角	分

科目（编）

对方科目（编）

兑付日期： 年 月 日

复核 记账

此联代理付款行兑付后随报单寄出票行由出票行作多余款贷方凭证

被背书人

背书人签章
年 月 日

被背书人

背书人签章
年 月 日

持票人向银行
提示付款签章：

身份证件名称： 发证机关：

号码

付款期限
壹 个 月

银行汇票（卡片） 1

汇票号码

出票日期（大写） 年 月 日

代理付款行： 行号：

票样

收款人：		
出票金额 人民币（大写）		
实际结算金额 人民币（大写）		千 百 十 万 千 百 十 元 角 分

申请人：________ 账号或住址：________

出票行：________ 行号：________

备注：________

凭票付款

出票行签章

多余金额	科目（编）________
千 百 十 万 千 百 十 元 角 分	对方科目（编）________
	兑付日期： 年 月 日
	复核 记账

此联出票行结清汇票时作汇出汇款贷方凭证

付款期限
壹 个 月

银行汇票 2

汇票号码

出票日期（大写） 年 月 日

代理付款行： 行号：

票样

收款人：		
出票金额 人民币（大写）		
实际结算金额 人民币（大写）		千 百 十 万 千 百 十 元 角 分

申请人：________ 账号或住址：________

出票行：________ 行号：________

备注：________

凭票付款

出票行签章

多余金额	科目（编）________
千 百 十 万 千 百 十 元 角 分	对方科目（编）________
	兑付日期： 年 月 日
	复核 记账

此联代理付款行付款后作联行往账借方凭证附件

付款期限
壹 个 月

银行汇票（解讫通知） 3

汇票号码

出票日期（大写） 年 月 日

代理付款行：											行号：
收款人：											
出票金额 人民币（大写）											
实际结算金额 人民币（大写）	千	百	十	万	千	百	十	元	角	分	

票样

申请人：______ 账号或住址：______

出票行：______ 行号：______

备注：______

凭票付款

出票行签章

多余金额										科目（编）______ 对方科目（编）______ 兑付日期： 年 月 日
千	百	十	万	千	百	十	元	角	分	
										复核 记账

此联代理付款行兑付后随报单寄出票行由出票行作多余款贷方凭证

被背书人	被背书人
背书人签章 年 月 日	背书人签章 年 月 日
持票人向银行 提示付款签章：	身份证件名称： 发证机关： 号码

银行承兑汇票（卡片） 1

出票日期（大写） 年 月 日

汇票号码

出票人全称		收款人	全称	
出票人账号		收款人	账号	
付款行全称		收款人	开户银行	
出票余额	人民币（大写）			亿 千 百 十 万 千 百 十 元 角 分
汇票到期日（大写）		付款行	行号	
承兑协议编号		付款行	地址	
本汇票请你行承兑，此项汇票款我单位按承兑协议于到期日前足额交存你行，到期请予以支付。 出票人签章	备注：			复核 记账

票样

此联承兑行留存备查，到期支付票款时作借方凭证附件

银行承兑汇票 2

出票日期（大写） 年 月 日

汇票号码

出票人全称		收款人	全称	
出票人账号		收款人	账号	
付款行全称		收款人	开户银行	
出票余额	人民币（大写）			亿 千 百 十 万 千 百 十 元 角 分
汇票到期日（大写）		付款行	行号	
承兑协议编号		付款行	地址	
本汇票请你行承兑，此项汇票款我单位按承兑协议于到期日前足额交存你行，到期请予以支付。 出票人签章	备注：			复核 记账

票样

此联收款人开户行随托收凭证寄付款行作借方凭证附件

银行承兑汇票（存根） 3

出票日期（大写） 年 月 日

汇票号码

出票人全称		收款人	全 称												
出票人账号			账 号												
付款行全称			开户银行												
出票余额	人民币（大写）			亿	千	百	十	万	千	百	十	元	角	分	
汇票到期日（大写）		付款行	行号												
承兑协议编号			地址												
本汇票请你行承兑，此项汇票款我单位按承兑协议于到期日前足额交存你行，到期请予以支付。 出票人签章	备注：			复核 记账											

票样

此联由出票人存查

被背书人	被背书人	被背书人
背书人签章 年 月 日	背书人签章 年 月 日	背书人签章 年 月 日

（贴粘单处）

银行承兑汇票（卡片） 1

出票日期（大写） 年 月 日

汇票号码

出票人全称		收款人	全　称	
出票人账号			账　号	
付款行全称			开户银行	
出票余额	人民币（大写）			亿 千 百 十 万 千 百 十 元 角 分
汇票到期日（大写）		付款行	行号	
承兑协议编号			地址	

本汇票请你行承兑，此项汇票款我单位按承兑协议于到期日前足额交存你行，到期请予以支付。

出票人签章

备注：

复核　　记账

此联承兑行留存备查，到期支付票款时作借方凭证附件

票样

银行承兑汇票 2

出票日期（大写） 年 月 日

汇票号码

出票人全称		收款人	全　称	
出票人账号			账　号	
付款行全称			开户银行	
出票余额	人民币（大写）			亿 千 百 十 万 千 百 十 元 角 分
汇票到期日（大写）		付款行	行号	
承兑协议编号			地址	

本汇票请你行承兑，此项汇票款我单位按承兑协议于到期日前足额交存你行，到期请予以支付。

出票人签章

备注：

复核　　记账

此联收款人开户行随托收凭证寄付款行作借方凭证附件

票样

银行承兑汇票（存根） 3

出票日期（大写） 年 月 日

汇票号码

出票人全称		收款人	全称	
出票人账号			账号	
付款行全称			开户银行	
出票余额	人民币（大写）			亿 千 百 十 万 千 百 十 元 角 分
汇票到期日（大写）		付款行	行号	
承兑协议编号			地址	

本汇票请你行承兑，此项汇票款我单位按承兑协议于到期日前足额交存你行，到期请予以支付。

出票人签章

备注：

复核 记账

此联由出票人存查

票样

被背书人	被背书人	被背书人
背书人签章 年 月 日	背书人签章 年 月 日	背书人签章 年 月 日

（贴粘单处）

ICBC 中国工商银行

进账单（贷方凭证）1

年　　月　　日　　　　　　　　No.

出票人				收款人		
	全　称				全　称	
	账　号				账　号	
	开户银行				开户银行	
金额	人民币（大写）					亿 千 百 十 万 千 百 十 元 角 分
票据种类		票据张数				
票据号码						
备注：				复核　记账		

此联由收款人开户银行作贷方凭证

ICBC 中国工商银行

进账单（回　单）2

日期：　　年　　月　　日　　　　　　　　No.

出票人				收款人		
	全　称				全　称	
	账　号				账　号	
	开户银行				开户银行	
金额	人民币（大写）					亿 千 百 十 万 千 百 十 元 角 分
票据种类		票据张数				
票据号码						
复核　记账				开户银行签章		

此联是开户银行交给持（出票）人的回单

ICBC 中国工商银行

进账单（收款通知）3

日期：　　年　　月　　日　　　　　　　　No.

出票人				收款人		
	全　称				全　称	
	账　号				账　号	
	开户银行				开户银行	
金额	人民币（大写）					亿 千 百 十 万 千 百 十 元 角 分
票据种类		票据张数				
票据号码						
复核　记账				收款人开户银行签章		

此联是收款人开户银行交给收款人的收账通知

库存现金盘点表

单位名称：　　　　　　　　　　日期：

部门		
会计期间		
项目	行次	人民币
现金账面余额（盘点日）	1	
加：收入凭证未记账	2	
减：付出凭证未记账	3	
调整后现金余额	4	
实点现金	5	
说明：		

会计主管签章：　　　　　　　　出纳员签字：

库存现金盘点表

单位名称：　　　　　　　　　　日期：

部门		
会计期间		
项目	行次	人民币
现金账面余额（盘点日）	1	
加：收入凭证未记账	2	
减：付出凭证未记账	3	
调整后现金余额	4	
实点现金	5	
说明：		

会计主管签章：　　　　　　　　出纳员签字：

实存账存对比表

单位名称：　　　　　　　　　　　　　　　　　　　　　　　　年　　月　　日

名称	规格型号	计量单位	单价	实存		账存		实存与账存对比				备注
				数量	金额	数量	金额	盘盈		盘亏		
								数量	金额	数量	金额	
合计												

盘点人：（签章）　　　　　　　　　　　　　　　　　　会计：（签章）

往来款项清查报告单

年　　月　　日

总账账户		明细账账户		清查结果		不同意原因			备注
账户名称	余额	账户名称	余额	同意	不同意	争执款项	无法收回款项	其他	

结算款项核对登记表

结算性质	对方单位		应结金额	核对金额	备注
就收款项	1				
	2				
	3				
应付款项	1				
	2				
	3				

负责人：　　　　　　　　　　　　　　　　　　　　　制表：

实存账存对比表

单位名称：　　　　　　　　　　　　　　　　　　　　年　月　日

名称	规格型号	计量单位	单价	实存		账存		实存与账存对比				备注
				数量	金额	数量	金额	盘盈		盘亏		
								数量	金额	数量	金额	
合计												

盘点人：（签章）　　　　　　　　　　　　会计：（签章）

往来款项清查报告单

年　月　日

总账账户		明细账账户		清查结果		不同意原因			备注
账户名称	余额	账户名称	余额	同意	不同意	争执款项	无法收回款项	其他	

结算款项核对登记表

结算性质	对方单位		应结金额	核对金额	备注
就收款项	1				
	2				
	3				
应付款项	1				
	2				
	3				

负责人：　　　　　　　　　　　　制表：

【模拟实训考核与评价】

从完成任务的正确性、及时性、完整性、明晰性和协作性上对每组学生的实训进行考核和评价，包括学生间的相互评价和教师评价两个方面并结合以下内容进行考核：①学生实训纪律情况；②学生实训的账务处理情况；③学生实训总结情况。

考核评价表

考核项目	考核小项及分值		得分
遵守纪律（10分）	迟到或早退一次	扣2分	
	旷课一节	扣5分	
	旷课三天	不及格	
日常会计核算（65分）	填制原始凭证	5分	
	审核原始凭证	2分	
	编制记账凭证	22分	
	审核记账凭证	2分	
	登记日记账、明细账	15分	
	编制科目汇总表	10分	
	登记总账	4分	
	对账	1分	
	结账	4分	
编制会计报表		10分	
整理会计档案		5分	
实训总结		10分	
总分			

【模拟实训考核与评价】

从完成任务的正确性、及时性、完整性、明晰性和协作性上对每组学生的实训进行考核和评价，包括学生间的相互评价和教师评价两个方面并结合以下内容进行考核：①学生实训纪律情况；②学生实训的账务处理情况；③学生实训总结情况。

考核评价表

考核项目	考核小项及分值		得分
遵守纪律（10分）	迟到或早退一次	扣2分	
	旷课一节	扣5分	
	旷课三天	不及格	
日常会计核算（65分）	填制原始凭证	5分	
	审核原始凭证	2分	
	编制记账凭证	22分	
	审核记账凭证	2分	
	登记日记账、明细账	15分	
	编制科目汇总表	10分	
	登记总账	4分	
	对账	1分	
	结账	4分	
编制会计报表		10分	
整理会计档案		5分	
实训总结		10分	
总分			

后　记

在会计专业实习教学环境中，学习者常常遇到识别及选取各种专用证账表簿的困难，本书比较详细、全面和系统地提供了会计核算全过程所需要的原始凭证、表单、记账凭证、各类账簿、财务报表及增值税一般纳税人申报表、小规模纳税人申报表等，在会计凭证的识别、填列，会计账簿的开设、登记、结账和会计报告、增值税纳税申报表填制等方面具有较强的适用性、实用性。本书通过仿真操作训练学生的会计证账表簿操作技能，通过审核、分析经济业务事项，选择专用证账表簿，提高会计证账表簿的处理能力。本书适用于大中专院校及技工院校会计、会计电算化、审计等财经和商贸服务类专业的学生，在进行会计基础单项技能实训、会计岗位模拟综合实习时使用，也可作为会计、财务管理人员业务培训材料。

本书由曾永铭、陆建军任主编，李丽、汤晓红任副主编，张国兴任主审。在编写过程中，得到了江苏省人力资源和社会保障厅技工教研室商贸服务专业中心教研组教科研团队的大力协助及企业专家的实践指导和技术支持，在此表示衷心的感谢。

由于编写时间仓促和作者水平有限，本书中如有商榷之处，敬请同行、专家和读者不吝赐教，以便于修订，使之日臻完善。

编　者

2015年1月